待ったなし！

BCP [事業継続計画]

策定と見直しの実務必携

水害、地震、感染症から経営資源を守る

ミネルヴァベリタス株式会社 顧問
信州大学 特任教授

本田茂樹
Shigeki Honda

Practical Guide for
Business Continuity Plan

経団連出版

はじめに

　日本はこれまで、多くの自然災害に見舞われています。ここ10年程度に限っても、2011年の東日本大震災では、地震による強い揺れとその後の巨大な津波で甚大な被害が生じました。16年の熊本地震、18年の北海道胆振東部地震では最大震度7が記録されています。水害についても、16年に北海道・東北地方で相次いだ台風、17年の九州北部豪雨、19年の房総半島台風や東日本台風などによる洪水や内水氾濫、土砂災害が頻発しています。

　そして2020年には新型コロナウイルス感染症が世界的に大流行し（パンデミック）、感染症も社会的、経済的に大きな被害をもたらしています。

　これら地震、水害、感染症による損失にははかりしれないものがあります。企業もその例外ではなく、建物・設備への被害、電気・ガス・水道などライフラインの途絶や従業員が出勤できないことによる事業の縮小・停止を余儀なくされた企業が多くあります。また、感染症の拡大防止のための外出自粛やイベントの中止なども事業活動へさまざまな影響をもたらしています。

　残念ながら、地震や津波、そしてパンデミックがいつ、どこで発生するかを予測することはできません。それを止めることもできません。しかし企業は、不測の事態に見舞われたときでも、その被害を可能なかぎり小さく抑えるとともに、自社の事業を中断させず、また中断した場合でも速やかに事業を復旧・継続し、その社会的責任を果たすことが求められています。

　本書では、原因が何であれ、事業を継続できない場合に備え、的確に対応するために必須となるBCP（事業継続計画）策定の基本を押さえるとともに、自社のBCP見直しのポイントを解説していきます。

　本書が、事業継続能力向上のお役に立てば幸いです。

2021年6月
本田　茂樹

Ⅲ章　事業を止めない

防災がBCPの大前提

Ⅳ章　策定の基本手順

BCPを策定する

V章　実効性を高める
BCPの見直しとレベルアップ

Ⅵ章　参考資料
被害の想定と対策、指針の最新事情

おわりに

表紙カバーデザイン——竹内雄二

I 章
リスクを認識する
認識しないリスクには備えられない

BCP（事業継続計画）とは何か

　まず、BCP（Business Continuity Plan：事業継続計画）とはどのようなものかを理解しましょう。

　内閣府（防災担当）が策定した「事業継続ガイドライン－あらゆる危機的事象を乗り越えるための戦略と対応－」（令和3年4月改定）では、BCPを「大地震等の自然災害、感染症のまん延、テロ等の事件、大事故、サプライチェーン（供給網）の途絶、突発的な経営環境の変化など不測の事態が発生しても、重要な事業を中断させない、または中断しても可能な限り短い期間で復旧させるための方針、体制、手順等を示した計画のことを事業継続計画（Business Continuity Plan、BCP）と呼ぶ。」
と定義しています。

　意外に思われるかもしれませんが、BCPを策定する際に留意するべき危機的事象は、地震・水害などの自然災害や感染症に限定されていません。テロ等の事件や大事故など自社の事業を中断させかねないあらゆる危機的事象を対象としています。

　これは、BCPのめざすところが、自社の事業を中断させないこと、また中断した場合でも可能なかぎり短い期間で復旧させることであり、その原因が自然災害であるか、感染症であるか、また他の事象であるかを問わないからです。

　つまり、不測の事態が起こった場合、その結果事象、たとえば、地震で自社ビルが損傷し使えない、あるいは感染症で従業員が出社できないなどの事態をどのように克服し、事業を継続していくかがポイントとなります。

2節

企業の事業活動に与えるリスクを認識する

1. 認識しないリスクには備えられない

　企業の事業活動に影響を与えるリスクには、どのようなものがあるでしょうか。地震や台風などの自然災害リスク、自社の違法行為や規制違反などのコンプライアンスリスク、さらには為替の変動や貸し倒れなどの財務リスクのようにさまざまなリスクが考えられます。

　このような自社を取り巻く危機的事象が実際に発生した際、自社の事業にどのような影響があるかを認識していなければ、それに備えることはできません。BCPの策定にあたっては、まず自社の事業活動に影響を与えるリスクを認識することから始めましょう。

　これらのリスクの影響度合いも企業ごとに異なりますが、本書では、すべての企業の事業活動に大きな影響を与えるリスクとして、自然災害と感染症に焦点を当てて説明を進めます。

2. 自然災害および感染症で何が起こるか認識する

　企業の事業活動に大きな影響を与えるリスクとして、自然災害と感染症に焦点を当てて説明するのには理由があります。それは、その被害が非常に大きいからです。

　企業は、それらのリスクが顕在化、つまり実際に自然災害や感染症の流行に見舞われた際、何が起こるのか、そしてそれが自社にどのような影響を与えるのかを認識することが重要です。それを認識すればこそ、的確に備えることができます。

(1) 自然災害の被害を認識する

❶地震の被害を認識する

　わが国は、これまで数多くの地震に見舞われてきましたが、その発生の仕組みは大きく二つに分けられます。一つはプレート同士の相互作用によって起こるプレート境界型地震、もう一つは、陸のプレート内部で活断層が動いて起こる活断層型地震です。

　これまで発生した地震を振り返ってみると、2011年の東日本大震災はプレート境界型地震、そして1995年の阪神・淡路大震災や2016年の熊本地震は活断層型地震に該当しますが、それぞれで甚大な被害が発生しています。

　また、四方を海に囲まれた日本は、長く複雑な海岸線を有することから、東日本大震災のように地震に伴い津波が発生した場合は、より大きな被害が生じやすい状況にあります。

　将来、その発生が懸念されている地震はいくつかありますが、ここでは、今後30年の間に70％の確率で起きると考えられている首都直下地震の被害想定を**図表Ⅰ-1**で概観しておきます。

　地震の大きな揺れによる家屋の倒壊に加え、広範囲にわたる市街地火災により多くの死傷者が発生します。また、われわれの生活を支える鉄道や道路などのインフラ、そして電気・ガス・上下水道などのライフラインには極めて大きな被害が及ぶことで、その機能を停止します。

　あわせて、経済的被害も、建物等の直接被害が約47兆円、生産・サービス低下の被害が約48兆円と、合わせて約95兆円となり、莫大なものとなります。

❷水害の被害を認識する

　近年、世界中で気象災害が頻発していますが、わが国もその例外ではありません。

　2019年9月の「令和元年房総半島台風」（台風第15号）、同年10月の「令和元年東日本台風」（台風第19号）では甚大な被害が発生しましたが、これらの名称は、甚大な災害をもたらした自然現象としてのちの世に教訓を伝承す

図表 I - 1　「首都直下地震の被害想定」（都心南部直下地震）

1．地震の揺れによる被害
◆揺れによる全壊家屋‥‥‥‥‥‥‥‥‥‥約175,000棟
◆建物倒壊による死者‥‥‥‥‥‥‥最大　約11,000人
◆揺れによる建物被害に伴う要救助者…最大　約72,000人
2．市街地火災の多発と延焼
◆焼失…最大　約412,000棟。建物倒壊等と合わせ最大　約610,000棟
◆死者…最大　約16,000人。建物倒壊等と合わせ最大　約23,000人
3．インフラ・ライフライン等の被害と様相
◆電力…発災直後は約5割の地域で停電。1週間以上、不安定な状況が続く
◆通信…固定電話・携帯電話とも輻輳のため、9割の通話規制が1日以上継続。メールは
　　　　遅配が生じる可能性
◆上下水道…都区部で約5割が断水。約1割で下水道の使用ができない
◆交通…地下鉄は1週間、私鉄・在来線は1か月程度、開通までに時間を要する可能性。主要
　　　　路線の道路啓開には、少なくとも1～2日を要し、その後、緊急交通路として使用。
　　　　都区部の一般道は瓦礫による狭小、放置車両等の発生で深刻な交通マヒが発生
◆港湾…非耐震岸壁では、多くの施設で機能が確保できなくなり、復旧に数か月を要する
◆燃料…油槽所・製油所において備蓄はあるものの、タンクローリーの不足、深刻な交通渋滞に
　　　　より、非常用発電用の重油を含め、軽油、ガソリン等の消費者への供給が困難となる
4．経済的被害
◆建物等の直接被害‥‥‥‥‥‥約47兆円
◆生産・サービス低下の被害…約48兆円　　合計　約95兆円

出所：「首都直下地震の被害想定と対策について（最終報告）」（中央防災会議　首都直下地震対策
　　　検討ワーキンググループ、平成25年12月）をもとに作成

ることなどを目的として、気象庁により定められたものです。

　また、大きな被害をもたらす豪雨は、その雨の強度や頻度の傾向が以前と変わってきています。

　気象庁が1901年以降に観測したデータによると、1日の降水量が200ミリ以上の大雨を観測した日数が有意な増加傾向にあり、最初の30年間と直近の30年間を比較すると約1.6倍に増えています（「令和2年版 防災白書」内閣府）。

　一方、2015年には水防法が改正され、国、都道府県または市町村は想定しうる最大規模の降雨・高潮に対応した浸水想定を実施すること、さらに市町村はこれに応じた避難方法等を住民等に適切に周知するためにハザードマップ[*1]を作成することが求められています。

　たとえば、江東5区広域避難推進協議会は2018年8月に「江東5区大規模水害ハザードマップ」を発表しています（**図表 I - 2、図表 I - 3**）。江東5区（江東区、江戸川区、葛飾区、墨田区、足立区）は大きな河川が集まった地域で

図表 I-2　江東5区洪水浸水想定区域図（浸水深）

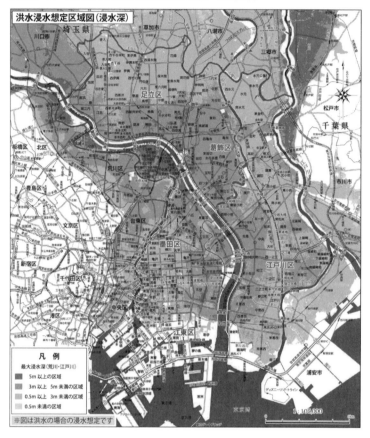

あるため、関東地方にこれまでにない大雨が降り続いた場合、荒川や江戸川が同時に氾濫することもあるとして、次のようなことが起こる可能性を示しています。

◆江東5区のほとんどが浸水（人口の9割以上の250万人が浸水に見舞われる）

◆建物が壊れるほどの激しい流れ

◆最大で10メートル以上の深い浸水

◆多くの地域で浸水が2週間以上継続　など

　当たり前の話ですが、水は高い場所から低い場所に流れ、その場所にたま

図表Ⅰ-3　江東5区洪水浸水想定区域図（浸水継続時間）

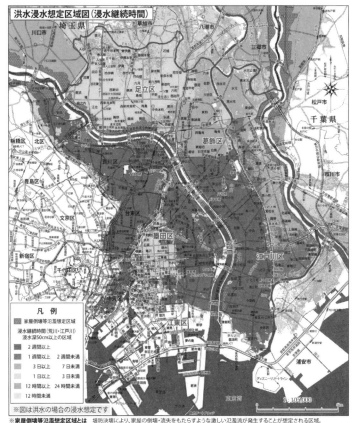

※**家屋倒壊等氾濫想定区域とは**　堤防決壊により、家屋の倒壊・流失をもたらすような激しい氾濫流が発生することが想定される区域。

ります。洪水の場合も、周囲と比べて低い土地、海抜の低い土地に水が流れ、そこでとどまり続けることになりますから、深い浸水が長く続く場所で事業を復旧し、継続することは極めて困難となります。

　ハザードマップを活用して、自社の拠点が水害に対してどの程度脆弱であ<ruby>脆弱<rt>ぜいじゃく</rt></ruby>るかを認識したうえで、対策を講じておくことが必須です。

(2) 感染症の被害を認識する

　地震や水害などの自然災害の被害は、従業員、建物・設備、そしてライフラ

インなど多方面に及びますが、感染症の影響は主として人、つまり従業員への健康被害です。建物・設備やライフラインの被害が小さい場合でも、自社の従業員の多くが感染症に罹患（りかん）して就業できなければ、事業の継続は困難です。

ほとんどの人が免疫をもたない新しいウイルスが世界的な大流行（パンデミック）となった場合、大きな健康被害とこれに伴う社会的被害をもたらすことが懸念されています。

実際、毎年流行を繰り返してきた季節性のインフルエンザウイルスとは抗原性が大きく異なる新型ウイルスが出現することによって、おおよそ10年から40年の周期で新型インフルエンザが発生しています。また、未知の感染症である新感染症の中でもその感染力の強さから新型インフルエンザ同様に社会的、そして経済的な影響が大きいものが発生する可能性もあります。

国は、病原性の高い新型インフルエンザや同様に危険性のある新感染症が発生した際に備え、国家の危機管理として対応するため「新型インフルエンザ等対策特別措置法」（以下、「特措法」）を2012年5月11日に公布（2013年4月13日施行）しています。

あわせて国は、2013年6月7日、新型インフルエンザ等対策の実施に関する基本的な方針や国が実施する措置などを示すために「新型インフルエンザ等対策政府行動計画」（以下、「政府行動計画」）を作成しています。この政府行動計画において、当時の科学的知見や過去に世界で大流行したインフルエンザのデータ等を踏まえ、**図表Ⅰ-4**のような被害想定[*2]を示しています。

新型インフルエンザ等の流行規模やその被害については、病原体の感染力や、またワクチンや抗ウイルス薬の介入の影響などがあるため、事前にこれらを正確に予測することは極めて困難です。しかし、未知の感染症が大流行した場合の経済的・社会的被害が極めて大きいことを認識しておくことが重要です。

なお、日本において2020年1月に初めて感染者が確認された新型コロナウイルス感染症は、特措法の対象となっていませんでしたが、その流行の影響を受け、特措法の対象として新型コロナウイルス感染症を追加する改正法が、2020年3月13日に成立、翌3月14日に施行されています。

図表Ⅰ-4　新型インフルエンザ等の被害想定

【前提条件】

全人口の25%が新型インフルエンザに罹患すると想定した場合、医療機関を受診する患者数は、約1300万〜約2500万人と推計する。入院患者数および死亡者数については、この推計の上限値である約2500万人をもとにし、あわせて過去に大流行したインフルエンザのデータを使用する。

【入院患者数および死亡者数】

病原性等	入院患者数（上限）	死亡者数（上限）
アジアインフルエンザ程度（致死率　0.53%）	約53万人	約17万人
スペインインフルエンザ程度（致死率　2.0%）	約200万人	約64万人

出所：「新型インフルエンザ等対策政府行動計画」（平成25年6月7日）をもとに作成

3. 自然災害、感染症が事業継続に与える影響を認識する

　自然災害が発生する、あるいは感染症が流行した場合に大きな被害が出ることをみてきましたが、それが企業の事業継続に必要な経営資源にどのような影響を与えるかを確認しておきましょう。

⑴　3つの経営資源

　企業が自社の事業を継続するために必要な経営資源とは何でしょうか。自社を取り巻く危機的事象が実際に発生したとき、たとえば大きな地震に見舞われた場合でも、事業継続に必要な経営資源に被害がなければ、事業を継続することができます。企業の主な経営資源としては、次の3つが考えられます。

❶建物・設備

　建物としては、自社のオフィスやデータセンターが入っているビル、工場や倉庫などが考えられます。設備は、製造機械やIT機器類などが該当します。

❷従業員

　実際に業務を行う従業員です。

❸ライフラインおよびサプライチェーン

　電気、ガス、水道（上下水道）が、ライフラインに当たります。さらに、

電話やメールを支える電気通信サービスもライフラインに該当すると考えてよいでしょう。

　サプライチェーンは、自社製品の原材料・部品の調達先や配送事業者などを指します。

(2) リスクが経営資源に与える影響を認識する

❶自然災害

　地震や台風などの自然災害に見舞われると、その規模にもよりますが、「従業員」「建物・設備」、そして「ライフライン」という3つの経営資源すべてに大きな影響が生じます。

　たとえば、自社ビルが位置する地域で大地震が起これば、多くの従業員がケガをする、自社ビルが半壊して使用できなくなる、さらに停電や断水が発生するなどの事態に見舞われることになります。建物やその中の設備に被害がない場合でも、そこで業務を行う従業員がいなければ事業の継続は困難です。

❷感染症

　感染症の流行による影響は、主として「従業員」に及びます。感染した、あるいは濃厚接触者となった従業員が出社できないという事態を招くなら、事業の継続はむずかしいでしょう。また、自社の従業員に感染者が発生していなくても、自社のサプライチェーンを支える企業、たとえば原材料・部品を納入している企業で多くの感染者が出て、そのオペレーションが滞ってしまえば、自社の事業継続にも大きな支障が生じます。

（注）

1. ハザードマップ：災害による被害を予測し、その被害範囲を地図化したもの。予測される災害の発生地点、被害の拡大範囲およびその程度、避難経路、指定緊急避難場所、指定避難所等の情報を地図上に図示する。災害発生時にハザードマップを利用することにより、地域住民等は、迅速・的確に避難を行うことが可能になる（「地区防災計画ガイドライン」平成26年3月、内閣府（防災担当））。

2. 被害想定の対象となった感染症：被害想定の対象となった感染症は、特措法成立時に流行が懸念されていた、鳥インフルエンザ（H5N1）等に由来する病原性の高い新型インフルエンザであり、新型コロナウイルスではない。

Ⅱ章

BCP の考え方を理解する

BCP の要諦

BCP策定の考え方

1.基本姿勢

BCPは、企業が、自然災害や感染症などあらゆる危機的事象を乗り越えるためのものです。策定するにあたって、ぜひ押さえておきたいポイントは次のとおりです。

(1) 従業員・家族の命を守る～生き残ることが大前提

地震や水害など大きな自然災害に見舞われたのちに企業の建物・設備が無事であり、ライフラインが元に戻っても、自社の従業員に死傷者が多く発生していたのでは、事業を復旧し継続することは困難です。また、従業員自身が無事であっても、その家族がケガをしているような状況であれば、従業員が職場に復帰するまでに時間がかかります。

BCPでは、企業の大切な経営資源の一つである従業員の安全を確保し、生き残ってもらうことが極めて重要です。自然災害に見舞われても、従業員が欠けることなく生き残っていることで、その後の復旧作業、そして事業継続が円滑に進み、結果として、企業も生き残ることができます。

また、自然災害の発生は時間を選びません。就業時間中だけではなく、従業員が自宅にいるときも自分と家族を守れるよう、企業は適切な防災教育を進めることが求められます。

(2) 緊急時には優先順位がすべて～「やらない」という選択もある

自然災害、感染症のまん延、大事故など、BCPが想定している不測の事態が発生すると、多くの経営資源が欠けたり、足りなくなったりします。具体

図表Ⅱ-1　優先順位がすべて

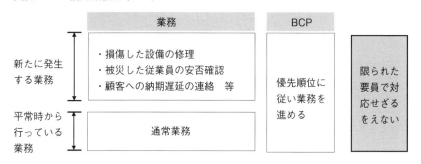

的には、従業員が負傷する、建物や設備が損傷する、また電気・ガス・水道の供給が停止するなどの事態が発生します。

　一方、たとえば地震などの不測の事態が発生し、被害があった場合は、平常時に行う業務に加えて、損傷した設備の修理、被災した従業員の安否確認、さらには顧客への納期遅延の連絡などの業務を行う必要があります。

　しかし、従業員、建物・設備、そしてライフラインなど、どの経営資源も限られる中、平常時よりも多くの業務に対応することはできません。

　そこで重要になるのが、緊急事態に陥ったときに優先するべき順位を決めておき、その順位に従って業務を進めることです。もちろん、その優先順位は緊急事態の際にあわてて決めるのではなく、平常時に決めておくことが求められます（**図表Ⅱ-1**）。

　被災後、すべての経営資源が限られる中では、優先順位がすべてです。「できること」でも、その優先順位が低ければ、「やらない」という決断が必要です。

(3) 最初から完璧をめざさない〜着眼大局、着手小局

　BCPの重要性は理解しているが、何かむずかしく感じられ策定には時間がかかる、あるいは特別な知識が必要であると考えて手をつけられず、そのままになっているという企業も多いのではないでしょうか。

　実際、「令和元年度 企業の事業継続及び防災の取組に関する実態調査」（令

和2年3月、内閣府（防災担当））によると、BCPを策定ずみの企業は、大企業で68.4％、中堅企業で34.4％です。この10年前の調査（平成21年度）では、大企業で27.6％、中堅企業は12.6％であったことを考えると毎年、策定率は着実に増えていますが、まだまだ不十分な状況といえるでしょう（**図表Ⅱ-2**）。

　もし、BCPを策定しようとしてそこで立ち止まっているのであれば、「着眼大局、着手小局」ということで、まず、スタートすることが重要です。

　もちろん、BCPのフレームワーク（全体像）を理解することは必要ですが、必ずしも最初から完璧をめざすのではなく、まず着手することをおすすめします。たとえば、BCPの方針について議論する、役割分担を決める、緊急時の初動アクションを考えるなどの作業を行いつつ、社内体制を整えていくような進め方も考えられます。

図表Ⅱ-2　BCPの策定状況

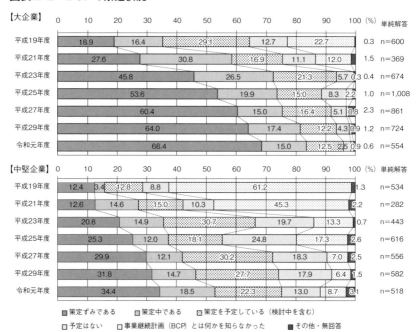

出所：「令和元年度 企業の事業継続及び防災の取組に関する実態調査」（令和2年3月、内閣府（防災担当））

そのうえで、PDCA（Plan-Do-Check-Act）サイクルを回しながら、足りない点や不十分な事項を補うことで完成をめざします。

2. 二段構えで考える

　「BCPとは何か」については、すでにⅠ章１節で説明したとおりですが、BCPの策定において重要な点は、自然災害が起こる前、あるいは感染症の流行が始まる前からBCPは機能させるものであるということです。つまり、中断したときに可能なかぎり短い期間で復旧させることだけではなく、まずその前に、不測の事態が発生した場合でも、重要な事業を中断させないこともめざしています。

　そこで、BCPの全体像は、次の二段構えで把握します。

❶重要な事業を中断させない

　さまざまな準備を行い、まず重要な事業を中断させないことがポイントです。そのためには、重要な事業を行うために必要な経営資源を守ることが必須です。具体的には、従業員、建物・設備、そしてライフライン（電気・ガス・水道など）を守ることが求められます。

❷中断した事業を、可能なかぎり短い期間で復旧させ、継続する

　事業が中断しないように準備を行っていても、首都直下地震クラスの地震やスーパー台風などの災害に見舞われれば、自社の経営資源に大きな被害があり、事業が中断します。

　その場合は、欠けた経営資源を補うことで事業を速やかに復旧させ、継続していきます。

BCPと防災計画の関係

　防災計画はすでに策定しているが、BCPには着手できていない企業もあります。また、両者の違いがよくわからないという声も聞こえてきます。

　ここではBCPと防災計画の違いと、その関係を説明します（**図表Ⅱ-3**）。

❶主な目的

〔防災計画〕

　防災計画では文字どおり、「災いを防ぐ」という趣旨から、「身体・生命の安全確保」「物的被害の軽減」と被害を抑えることを目的としています。

〔BCP〕

　BCPは、防災計画の目的が達成されることを前提として、「優先的に継続・復旧すべき重要業務の継続または早期復旧」を目的とします。

❷考慮すべき事象

〔防災計画〕

　防災計画では、自社の拠点がある地域で発生することが想定される災害を考慮します。言い換えれば、自社拠点での発生が想定されない災害に関する防災計画は不要となります。

　たとえば、山梨県や長野県のように海岸線から離れている場所に事業所がある場合は、津波災害について考慮する必要がありません。必要とされるのは、洪水や内水氾濫などの水害に関する防災計画です。

〔BCP〕

　自社拠点が津波災害とは無縁の場所にある場合でも、自社の原材料・部品の調達先が津波リスクの高い地域に位置していることがあります。もし、その企業が津波被害を受け、自社への納品がストップするなどの影響が想定される場合は、BCPにおいて考慮することが必要です。

図表Ⅱ-3　防災計画とBCPの比較

	防災計画	BCP
主な目的	●身体・生命の安全確保 ●物的被害の軽減	●身体・生命の安全確保に加え、優先的に継続・復旧すべき重要業務の継続または早期復旧
考慮すべき事象	●拠点がある地域で発生することが想定される災害	●自社の事業中断の原因となりうるあらゆる発生事象（インシデント）
重要視される事項	●以下を最小限にすること ➢死傷者数 ➢損害額 ●従業員等の安否を確認し、被災者を救助・支援すること ●被害を受けた拠点を早期復旧すること	●死傷者数、損害額を最小限にし、従業員等の安否確認や、被災者の救助・支援を行うことに加え、以下を含む ➢重要業務の目標復旧時間・目標復旧レベルを達成すること ➢経営および利害関係者への影響を許容範囲内に抑えること ➢収益を確保し企業として生き残ること
活動、対策の検討範囲	●自社の拠点ごと ➢本社ビル ➢工場 ➢データセンター　等	●全社的（拠点横断的） ●サプライチェーン等依存関係のある主体 ➢委託先 ➢調達先 ➢供給先　等
取り組みの単位・主体	●防災部門、総務部門、施設部門等、特定の防災関連部門が取り組む	●経営者を中心に、各事業部門、調達・販売部門、サポート部門（経営企画、広報、財務、総務、情報システム等）が横断的に取り組む
検討すべき戦略・対策の種類	●拠点の被害抑制と被災後の早期復旧の対策（耐震補強、備蓄、二次災害の防止、救助・救援、復旧工事　等）	●代替戦略（代替拠点の確保、拠点や設備の二重化、OEMの実施　等） ●現地復旧戦略（防災活動の拠点の対策と共通する対策が多い）

出所：「事業継続ガイドライン－あらゆる危機的事象を乗り越えるための戦略と対応－」（令和３年４月改定）（内閣府（防災担当））をもとに作成

❸重要視される事項

〔防災計画〕

　防災計画の主な目的が「身体・生命の安全確保」と「物的被害の軽減」ですから、重要視される事項は、死傷者と損害額を最小限にすることです。

〔BCP〕

　BCPの主な目的（優先的に継続・復旧すべき重要業務の継続または早期復旧）について、より具体的に、「重要業務の目標復旧時間・目標復旧レベルを達成すること」と表わしています。

❹活動、対策の検討範囲

〔防災計画〕

　活動や対策の検討範囲は、自社の拠点ごとです。これは、考慮すべき事象が拠点のある地域で発生することが想定されている災害となっていることと

関係しています。たとえば、本社ビルと工場が別の場所にあれば、当然のことながら、それぞれの拠点が抱えるリスクは異なります。河川沿いに立地している工場は河川の氾濫に備えた対策を立てるが、河川から離れている本社はその対策は不要、という考え方です。

〔BCP〕

　BCPでは、自社の事業中断となりうるあらゆる発生事象を考慮しますから、活動、対策は、自社の拠点全体を事業中断の観点から俯瞰して検討します。**図表Ⅱ-3**の例では、本社ビル、工場、そしてデータセンターのどの拠点が被災した場合でも、自社事業の継続に影響があると考えられますから、BCPにおける対策は、すべての拠点を横断して検討することになります。

　また、自社の拠点だけではなく、委託先、調達先、そして供給先など事業を継続するにあたり依存関係にある企業や組織については、それらが被災したときの対策もBCPで検討することが求められます。

❺取り組みの単位・主体

〔防災計画〕

　防災計画の主な目的（「身体・生命の安全確保」「物的被害の軽減」）を主管する部門として、防災部門や総務部門が活動の主体となります。

〔BCP〕

　自然災害などの危機的事象に見舞われて中断してしまった自社の重要業務を、最終的には平常時と同じ水準まで復旧することが目的ですから、特定部門だけの力では達成できません。

　取り組みの主体としては、もちろん経営者がトップとなりますが、重要業務の復旧にかかわる部門が横断的に参画することが必須です。

❻検討すべき戦略・対策の種類

〔防災計画〕

　身体・生命の安全確保、そして物的被害の軽減のために、それぞれの拠点での被害を抑制します。具体的には、自社の建物の耐震化や、初期消火による二次災害の防止、負傷者の救出、救援などがこれに該当します。

あわせて、被災後の早期復旧も必要ですから、建物・設備の復旧工事や、復旧工事を支える防災備蓄も必要です。

〔BCP〕

　BCPは、自然災害などの危機的事象によって欠けたり、足りなくなった経営資源を補って、重要業務を継続、または早期復旧するためのものです。そのため、検討すべき戦略や対策は、不足する経営資源をどのように補うかという代替戦略が基本となります。

　たとえば、自社の工場が大きな損傷を受け、製造を続けられない場合は、自社の他の工場を代替拠点として活用する、あるいは自社工場が復旧するまでOEM（Original Equipment Manufacturing）の形で、他社に委託する形などが考えられます。

　ただ、自社拠点が一つだけであり、またOEM方式がむずかしければ、現在の拠点を復旧させることになります。このような事態が想定される場合は、特に自社の防災面の取り組みを強化することによって、自社拠点の被害を最小化することに注力することが求められます。

今、なぜBCPが求められるのか

BCPは自然災害や感染症などあらゆる危機的事象を乗り越えるために必要ですが、今、なぜBCPの策定や見直しが求められているかを整理します。

1. 企業の社会的責任

企業が大きな自然災害や感染症に見舞われたとき、さまざまな経営資源を守り、その後、事業を再開し、自社の製品やサービスを提供し続けること、つまり企業の社会的責任を果たすことが求められています。

もし、自社の事業を継続できなければ、顧客の信頼を維持することはできず、従業員の雇用、そして会社の存続が危ぶまれます。

さらに、自然災害などの危機的事象に際し、多くの企業で事業継続が困難となれば、日本経済の信頼性が低下し、海外からの直接投資が減少するとともに、生産そのものが海外移転するなどの問題が生じる可能性もあります。

2. 被害想定の見直し

企業は、以下のような被害想定の見直しなどを前提として、自社のBCPが想定外とならないように作成、あるいは見直しを行うことが必要です。

❶地震の被害想定の見直し

2011年3月に起こった東日本大震災では、その被害が及んだ範囲の広さ、そして被害規模の大きさが「想定外」という言葉で表現されるほどでした。

この東日本大震災の経験を踏まえ、国は、今後発生が懸念される地震災害について、それまでの被害想定を見直す必要があると考え、中央防災会議に

おいて「東北地方太平洋沖地震を教訓とした地震・津波対策に関する専門調査会」を立ち上げ、地震・津波対策の全般的見直しを進めました。その検討結果は、今後の災害対策の基礎となる提言としてまとめられましたが（2011年9月）、今後は、あらゆる可能性を考慮した最大クラスの巨大な地震・津波を検討していくべきとしています。そして、これを踏まえて、中央防災会議において、南海トラフ巨大地震^{*1}および首都直下地震^{*2}の被害想定が見直されています。

南海トラフ巨大地震については、それまで最大マグニチュード8.7の地震を想定していましたが、見直しでは、最大マグニチュード9.0で想定を進め、また首都直下地震は、それまで対象としていなかった相模トラフ沿いの大規模地震を含め、さまざまな地震を検討対象とするなど、これまでの想定をはるかに超える巨大な地震が起こる可能性を踏まえたものとなっています。

❷水害ハザードマップの見直し

近年、1時間の雨量が50ミリを超える短時間強雨の発生回数が増えるとともに、洪水のほか、内水^{*3}・高潮により想定を超える浸水災害が多発しています。そこで、このように多発する浸水被害への対応をはかるため、水防法が改正されました（2015年5月13日成立、同月20日公布）。この改正により、それまで「河川整備における基本となる降雨を前提とした区域」としていた各自治体が作成するハザードマップの浸水想定区域は、「想定し得る最大規模の洪水に係る区域」に広げて作成、公表されています。

従来、「浸水しない」と考えられた場所も、改訂されたハザードマップでは浸水想定区域となっている可能性がありますから、今一度、確認することが求められます。

3. 国土強靱化の流れ

大規模自然災害等に備えるには、事前防災・減災と迅速な復旧・復興に資する施策の総合的、計画的な実施が重要であり、また国際競争力向上に資す

るという観点から、「強くしなやかな国民生活の実現を図るための防災・減災等に資する国土強靱化基本法」（以下、「国土強靱化法」）が、2013年12月4日に成立し、同月11日に施行されています。

　そして、この国土強靱化法に関する施策に係る基本的な指針として、「国土強靱化政策大綱」（2013年12月17日、国土強靱化推進本部）がまとめられています。国土強靱化政策大綱では、特に配慮するべき事項として、「BCP／BCM等の策定の促進」[*4]が次のとおり記載されています。

　「大規模災害等の発生後に国の経済活動を維持し迅速な復旧・復興を可能とするのは、政府や地方公共団体はもとより、個々の企業における事業活動の継続確保の有機的な積み重ねである。このため、企業のBCP（緊急時企業存続計画又は事業継続計画）／BCM（事業継続マネジメント）の取組を一層促進するとともに、一企業の枠を超えて、業界を横断する企業連携型のBCP／BCMの取組を、支援措置の充実や的確な評価の仕組み等の制度化も考慮しつつ推進する。こうしたBCP／BCMの運用に関する前向きな姿勢を日本の企業の文化として定着させることにより、サプライチェーン等の強靱化を確保し、競争力の向上を図る。また、BCP／BCMの運用においては、我が国製造業の製品や部素材等の多くが、国内外のサプライチェーンの要となっていることを踏まえ、中小企業・小規模事業者をはじめとする我が国企業における原料や部素材等の調達先の複線化、緊急時電源の確保等に留意する。」

4. 複合災害が発生する可能性

　これまでも複数の災害が同時に発生することはありました。たとえば、地震が発生し、その後、断水するなど衛生状態が悪化する中で感染症が流行するというパターンです。しかし、新型コロナウイルス感染症の流行が長期化している中で自然災害が起こると、それはそのまま複合災害となりますから、これを踏まえたBCPを準備する必要があります。

　首都直下地震クラスの地震が勤務時間内に発生した場合を例に考えてみま

しょう。発生直後は、建物が倒壊し、火災が同時多発するなどの混乱がみられますから、企業は、従業員の帰宅を抑制し、自社ビルの安全を確認したうえで、ビルの中にとどめることが求められます。この場合、企業は、火災が鎮火するなど周囲の状況が落ち着くまでの数日間、従業員が自社ビル内で生活することを前提としてBCPを整備しておく必要があります。

多くの従業員が一か所で生活する中、いわゆる「3密」*5を避けるため、宿泊スペースに余裕をもたせること、また、水・食料品やアルコール消毒薬などの備蓄を必要な人数分準備をするなど、新型コロナウイルス感染症の流行前であれば検討しなかったことにも対応する必要があります。

さらに、在宅勤務を導入している場合は被災時に出勤している従業員数が少なくなっていますから、策定ずみのBCPが限られた人数で運用できるかを見直しておくことも大切です。

5. BCPを必要とするさまざまな要素

BCPは、事業継続を中断させかねない不測の事態にも的確に対応することで、重要な事業を中断させないこと、たとえ中断しても可能なかぎり短い時間で復旧させることをめざしています。そこで、この不測の事態、つまり予測できない事態が発生した場合にどう対応するかがポイントになります。

一方で、社会の仕組みが近年大きく変化し、以下が危惧されています。
◆生産拠点や物流拠点が、効率化の観点から大型化・集約化されていることにより、そのうちの一つの拠点が被災した際の影響が大きい
◆サプライチェーンの効率化・低コスト化がはかられる中で、ピラミッド構造と考えらえていたものが、実はダイヤモンド構造となっており、リスクが分散されていないことがありうる（**図表Ⅱ-4**）
◆どのような事業においても、ITシステムが非常に大きな役割を担っているため、自然災害やサイバー攻撃などによって、システムが一つ停止するだけで事業活動に支障が生じる

図表Ⅱ-4 サプライチェーンの構造変化

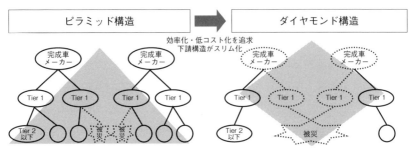

出所：「日本経済の新たな成長の実現を考える自動車戦略研究会 中間とりまとめ」（平成23年6月公表、経済産業省）

◆未知の感染症のような、これまでの経験では予測することがむずかしい危機的事象の発生がありうる

◆温暖化などにより水災害が頻発し、その規模が巨大化している　など

　このような中で、今は不測の事態が、いつ、どこで発生しても不思議ではない状況です。BCPの果たす役割は、これまで以上に重要となっています。

（注）

1. 南海トラフ巨大地震の被害想定：「南海トラフ巨大地震の被害想定について（第一次報告）」（2012年8月29日、中央防災会議 防災対策推進検討会議 南海トラフ巨大地震対策検討ワーキンググループ）、「南海トラフ巨大地震の被害想定について（第二次報告）」（2013年3月18日、中央防災会議 防災対策推進検討会議 南海トラフ巨大地震対策検討ワーキンググループ）

2. 首都直下地震の被害想定：「首都直下地震の被害想定と対策について（最終報告）」（2013年12月、中央防災会議 首都直下地震対策検討ワーキンググループ）

3. 内水：下水道の排水能力を超えるほどに降った雨水を河川などの公共の水域などに流せない場合に起こる浸水のこと。これに対して河川の堤防が決壊する、あるいは水があふれることによって、河川から水が流れ出て浸水することを「外水」と呼ぶ。

4. BCM：「BCP策定や維持・更新、事業継続を実現するための予算・資源の確保、対策の実施、取組を浸透させるための教育・訓練の実施、点検、継続的な改善などを行う平常時からのマネジメント活動のこと。経営レベルの戦略的活動として位置付けられる。」（「事業継続ガイドライン第三版－あらゆる危機的事象を乗り越えるための戦略と対応－解説書」（内閣府（防災担当）、平成26年7月）

5. 3密：密閉（換気の悪い密閉空間）、密集（多数が集まる密集場所）、密接（間近で会話や発声をする密接場面）の総称。

III 章
事業を止めない
防災が BCP の大前提

1節

発生事象で異なる経営資源の守り方

　BCPは「不測の事態が発生しても、重要な事業を中断させない、または中断しても可能な限り短い期間で復旧させるための方針、体制、手順等を示した計画」です。そこで、「重要な事業を中断させないこと」「中断した事業を可能な限り短い期間で復旧させ、継続すること」の二段構えで進めることは、Ⅱ章1節で述べたとおりです。このBCPの目的を達成するためには、その前提となる防災計画において、企業の経営資源を守ることが極めて重要であり、防災計画とBCPをそれぞれ車の両輪であると考えて、両者にバランスよく取り組むことが求められます（**図表Ⅲ-1**）。

　自社の事業中断となりうるあらゆる発生事象（インシデント）を考慮するのがBCPですが、ここでは地震、水害、感染症を例に説明を進めます。

　これらの事象は、どれも、その発生を止めることができず、また地震と水害については、発生後にその被害を抑制することもできません。そこで、地震や水害に見舞われたときのため、感染症が流行したときのために、的確な準備を進めておくことが、自社の経営資源を守るためには極めて重要です。

　ただし従業員、建物・設備、そしてライフラインなどの経営資源の守り方は、発生事象によって異なります。この点は十分、理解しておいてください。

図表Ⅲ-1　防災計画とBCPは車の両輪

防災計画	BCP
身体・生命の安全確保と 物的被害の軽減	身体・生命の安全確保に加え、 優先的に継続・復旧すべき重 要業務の継続または早期復旧

出所：「事業継続ガイドライン─あらゆる危機的事象を乗り越えるための戦略と対応─（令和3年4月改定）」（内閣府（防災担当））をもとに作成

2節

地震から経営資源を守る

1. 建物の耐震性の確保

　まず、本社ビル、工場、そして倉庫などの建物について、その耐震性を確保することが極めて重要です。これは、事業継続に必要となる経営資源の多くがそれらの建物の中にあるからです。

　工場には機械や原材料が置かれています。倉庫には商品在庫が保管されています。そしてそこでは従業員が働いており、もしそれらの建物が地震の揺れで倒壊あるいは半壊すれば、従業員が負傷する、機械や原材料が使えなくなる、また商品の価値が失われる、という事態が発生します。

　地震が発生した際、建物内にいる従業員の身体・生命の安全を確保し、あわせて物的被害を軽減するためには、建物の耐震性確保が極めて重要です。

(1) 建築基準法上の耐震基準

　建築基準法の目的は、「建築物の敷地、構造、設備及び用途に関する最低の基準を定めて、国民の生命、健康及び財産の保護を図り、もつて公共の福祉の増進に資すること」となっています（建築基準法第1条）。

　建築基準法における耐震基準は、これまで過去の大震災で得た教訓などを踏まえて、施行令を含め何度か改正されていますが（**図表Ⅲ-2**）、BCPの観点からは、次の点を押さえておきましょう。

❶建物は建築時に耐震基準を満たしていても、その後、老朽化する

　1950年に制定された建築基準法は宮城県沖地震後の1981年に改正され、「新耐震基準」が用いられるようになりました。この改正の前後で、耐震基準は次のように区分されます。

図表Ⅲ-2　耐震設計関係基準の変遷

	法律などの制定	主な地震
1924 年	市街地建築物法改正	
1950 年	建築基準法制定	1964 年　新潟地震
1971 年	建築基準法施行令改正	1968 年　十勝沖地震
1977 年	RC 診断基準策定	1978 年　宮城県沖地震
1981 年	建築基準法改正「新耐震設計法」	
1995 年	耐震改修促進法制定	1995 年　阪神・淡路大震災
1997 年	SRC 診断基準改正	
2000 年	建築基準法改正（性能設計の導入）	
2005 年	中央防災会議「建築物の耐震化緊急方針」	2004 年　新潟県中越地震 2005 年　福岡県西方沖地震
2006 年	耐震改修促進法改正「平成 27 年に耐震化率 90％」	
2007 年	建築基準法改正（構造モデルの規定）	2007 年　新潟中越沖地震 2007 年　能登半島地震

出所：「第 1 回 持続可能社会における既存共同住宅ストックの再生に向けた勉強会（2012
年 2 月 6 日、国土交通省）における資料 3-4」にもとづいて作成

◆新耐震基準：1981年 6 月 1 日以降に建築確認申請が行われた建物が該当

◆旧耐震基準：1981年 5 月31日以前に建築確認申請が行われた建物が該当

　さらに2000年には性能設計の観点を導入した改正が行われ、「新耐震基準」
が強化されるなど、継続的に耐震基準のレベルアップがはかられています。

　わが国で建築される建物は、建築確認申請の段階では、建築基準法などで
定められた耐震基準を満たしています。しかし、その後の改正による新たな
耐震基準は、さかのぼって適用されることはありませんから、その新たな耐
震基準を満たすことにはなりません。

　また、建物の耐震性は当然のことながら老朽化によって低下します。この
点も忘れてはいけません。

❷**新耐震基準を満たしていても、事業継続への支障はありうる**

　新耐震基準の目安は、次のとおりです。

◆中規模の地震（震度5強程度）：ほとんど損傷を生じない

◆極めてまれにしか発生しない大規模な地震（震度6強から震度7程度）：人命に危害を及ぼすような倒壊等の被害を生じない

　新耐震基準は、震度6強から震度7程度の地震が発生した際、建物の倒壊を防ぎ、人命を保護することをめざしていますが、それは必ずしも、その建物が継続して使用できることは意味していません。

　BCPの観点からは、被災後にその建物が使えない可能性を踏まえて、検討を進めることが求められます。

⑵ 耐震診断および耐震改修

　自社の建物、たとえば本社ビルや工場が建てられた時期が旧耐震基準に該当する場合は、新耐震基準の建物に比べると耐震性が低いことを認識し、耐震診断を行ったうえで必要な耐震改修を実施することが重要です。

　また、新耐震基準の建物でも、老朽化により耐震性が低くなっていることが考えられますから、耐震診断・耐震改修を検討します。

　耐震診断を行い、耐震改修を実施するには費用がかかりますが、地震発生前に講じる対策としては、最も効果的な方策の一つですから、従業員の生命や設備などの経営資源を守るために最優先で進めることが必須です。

　多くの自治体では、耐震診断や耐震改修に関する補助金を出していますので活用しましょう。

2. 什器備品の転倒や落下から身を守る

　地震が発生し、建物が大きく揺れると、その中にあるキャビネットやオフィス家具も同時に大きな揺れに見舞われます。その結果、それらのキャビネットやオフィス家具は、固定していないかぎり、転倒しますから、従業員がその下敷きになる可能性があります。また、複合機などの大型機器類は、キャスターをロックしていないかぎり、地震の揺れとともに動き続け、それにぶ

つかるとケガをすることも考えられます。さらに、書棚・キャビネットの上に置かれたもの、たとえば段ボール箱などは落下します。

　工場などの製造現場で機械が固定されていない場合、転倒し、機械そのものが壊れてしまう、あるいは従業員が機械の下敷きになることも考えられます。

　転倒や落下から従業員の身を守るためには、次のような転倒防止、落下防止対策を的確に講じる必要があります。

◆キャビネットや書棚
 - 上部を壁に、あるいは下部を床に固定する
 - 重い書籍や荷物を下部に収納する
 - 上に物を置かない
 - 扉にはラッチ（留めがね）をつける

◆キャスターがついている大型機器類、書類ワゴンはキャスターをロックする

◆引き出しは使っていないときは、施錠する

◆机上のOA機器は、粘着マットで固定する

◆応接室の置物や花びんは粘着マットで固定する

◆壁にかけてあるもの（時計、額など）を固定する

◆天井に固定してあるプロジェクターなどは、固定具合を確認する　など

3. 火災から身を守る

　首都直下地震クラスの大きな地震が発生すると、その後、多くの火災が発生することが想定されています。平常時であれば、スプリンクラーなどの防火装置で消火されるものですが、過去の大地震では、大きな揺れでスプリンクラーが作動しなかったケースもありました。

　また、大地震のあとは消防車や救急車などの到着までに時間がかかる、あるいは同時多発で起こった火災に対応できずそれらの緊急自動車がこないと

いうことが考えられます。

　職場で火災を発見した場合は、次の手順で初期消火を行います。

❶同僚と協力して初期消火を行う

　初期消火は、発生から２分が勝負です。火災を見つけたら、「火事だ」と大きな声を出し、同僚の協力を仰ぎ、複数で初期消火を行います。

　あわせて、消防署にも通報します。

❷消火器の使い方を理解し、習熟しておく

　これは、事前の準備となりますが、まず消火器の設置場所を覚えておくことが重要です。また、消火器本体の耐用年数（８〜10年程度）や薬剤の使用期限（４〜５年程度）を過ぎていないか定期的に確認しましょう。

　消火器が使える時間は、通常の粉末消火器では15秒ほどと、考えている以上に短いですから、「安全ピンを引き抜く、ホースの先を火元に向ける、そしてレバーを握る」という一連の動作について、実際にできるよう訓練しておくことが必須です。

❸逃げ遅れない

　火災の火が横に広がっているうちに消火するのが初期消火です。その火が天井に達すると、われわれが使う小型消火器で鎮火させることはむずかしいと考えられますから、避難行動をとります。

　決して、逃げ遅れないようにします。

4. 大きな揺れに見舞われた際の行動

(1) 突然の揺れへの対応

　震度７あるいは震度６強の大きな揺れに見舞われると足がすくんで動くことができません。実際に起震車などで揺れを体験すると、動くどころか、その場で自分の身体を支えることもむずかしいことがおわかりいただけると思います。

　地震発生直後は、自分自身の安全確保を最優先します。揺れが始まる前に、

緊急地震速報の情報を得た場合は、速やかに机の下などに入り、身を守ります。突然の大きな揺れに見舞われて動くことがむずかしいときは、姿勢を低くして、座布団やクッションなどで頭を守りましょう。

　周囲の人を助けることはむずかしい状況と考えられますが、できる範囲で安全行動を促すことが必要です。

(2) 大きな揺れがおさまったあとの対応

　同僚や社内のお客さまの安全確認をします。見える範囲だけではなく、会議室、応接室、トイレ、給湯室、さらには書庫や倉庫などを手分けして、見回ります。その際、余震の可能性がありますから、まだヘルメットや手袋を身に着けていなければ着用します。

　負傷者が見つかった場合は、119番通報で救急車の出動を要請します。大地震の際は、救急車の到着までに時間がかかる、あるいはこないということが考えられますから、社内で応急手当ができることが望まれます。そのためには、最寄りの消防署などで開催される救命講習や応急手当講習を受講しておく必要があります。

(3) 避難行動

❶建物からの避難

　自治体や警察署、消防署から避難指示があった場合、また火災の延焼によって、そのときいる場所に危険が迫っていると判断される場合は、避難を開始します。

　また、大きな揺れがおさまったのち、柱が曲がっている、あるいは壁に大きな亀裂が入っているなど、その後の余震に耐えられないと判断されるようであれば、避難する必要があります。

　さらに、自社の拠点が津波ハザードマップにおいて津波浸水区域に含まれている場合は、避難が求められます。

　地震後に発生する津波については、気象庁が津波警報・注意報の形で発表[*1]

しますが、南海トラフ巨大地震では、極めて短時間で大きな津波がくると想定される地域があります。自社の拠点がそのような地域に位置している場合は、強い揺れを感じたときなど、迷うことなく迅速、かつ自主的に避難することが必須です。

❷指定緊急避難場所と指定避難所

自社の拠点にとどまっていると危険であると判断した場合、安全な場所に避難することになりますが、避難先として、「指定緊急避難場所[*2]」と「指定避難所[*3]」を押さえておきましょう（**図表Ⅲ-3**）。

指定緊急避難場所は、災害が発生する、または発生するおそれがある場合、その危険から逃れるための場所です。地震、津波、洪水、そして大規模な火災や土砂災害など異常な事象ごとに、自治体の長が、各地域の実情に応じて指定することになっています。

指定避難所は、災害の危険性があり避難した住民などを災害の危険性がなくなるまで必要な間滞在させ、または災害により家に戻れなくなった住民等

図表Ⅲ-3　指定緊急避難場所と指定避難所

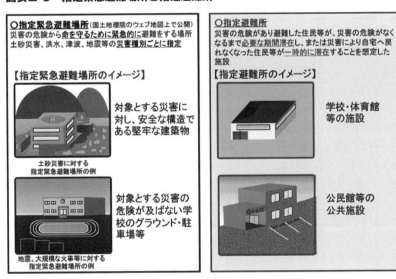

出所：国土交通省国土地理院ホームページ　「指定緊急避難場所データ」

を一時的に滞在させるための施設として、自治体の長が指定します。

　たとえば地震後に大規模な火災が発生し、自社拠点に延焼が迫っているような場合に備えて、まず火災の危険から身を守り、鎮火を待つ場所として指定緊急避難場所があります。火災の輻射熱から身を守るため、多くの場合、大きな公園や広場、また学校の校庭が指定されています。また、土砂災害に対しては、安全な構造で堅牢な建築物などが指定されます。

　周囲の火災が鎮火して火災のリスクがなくなったのちに、自宅などが倒壊したり焼失するなどによって生活する場所がなくなった人たちがしばらく生活する場所が指定避難所です。たとえば学校・体育館などの施設や、公民館などの公共施設が指定されます。

　これらの指定緊急避難場所や指定避難所は、いざというときは、すぐに行けることが極めて重要です。従業員にその場所とともに、避難経路を周知徹底しておくことが必要です。また、あらかじめ決めておいた道が、実際の地震では、建物倒壊や沿道の火災で通行できない可能性があります。避難経路は複数、用意しておくことが求められます。

3節

水害から経営資源を守る

　水害から経営資源を守る方法は、地震の場合と異なります。地震はその発生する時期や場所を正確に予測することはできない突発的災害ですが、水害は発生時期や被害に見舞われる範囲をある程度予測できるからです。

1. 水害に見舞われる時期と地域を知る

(1) 洪水の発生時期は予測できる

　台風や豪雨による洪水は、気象情報によってその発生時期を予測することができます。たとえば台風の場合であれば、日本に影響を及ぼす可能性がある台風が発生すると、テレビや新聞で報道が始まります。そして、台風が日本列島に接近するにつれて、どの地域が大きな影響を受けるのか、またそのときの降雨量や風速などの情報が提供されます。自社拠点の所在する地域に影響があると判断される段階、つまり上陸の2〜3日前あたりから、台風被害を軽減する準備を強化します。

　また気象庁は、積乱雲が帯状に連なって非常に激しい雨をもたらす線状降水帯の発生が確認された場合に、「顕著な大雨に関する情報」を発表し、厳重な警戒や安全の確保を呼びかけることとし、2021年6月から運用が開始されています。

(2) 水害に対する脆弱性はハザードマップでわかる

　自社拠点の水害に対する脆弱性は、自治体が公表している「洪水ハザードマップ」や「高潮ハザードマップ」によって知ることができます。

　水害に関するハザードマップ（Ⅰ章の注1参照）には、実際に水害が発生

した場合にどのくらいの範囲に浸水が及ぶのか、またその際の浸水の深さがどの程度かなどの情報が示されています。

　また、すでに土地を所有している場合と、取得を検討している場合では、考え方が違います。

◆自社拠点が水害の被害に見舞われる可能性の高い地域に位置している場合は、その被害想定、つまり浸水深を前提に準備を進めることが求められる

◆水害の被害が予測される地域に土地を所有しており、そこに自社拠点を新築する場合は、地盤を確認しつつ、盛土をするなどの対応が考えられる

◆新たな土地や建物を取得する場合に、その土地が水害に見舞われる可能性が高ければ、本当にその場所を選択する必然性があるか、また一たび水害に見舞われた際の被害の大きさなどを含めて総合的に判断する

2. 台風や豪雨が近づく前にするべきことがある

　台風などが接近する2〜3日前あたりから、その被害を軽減する対策の強化が求められます。具体的には次のようなアクションが考えられます。

◆側溝や排水溝の点検・清掃：側溝や排水溝に枯葉やごみがたまると雨水が流れにくくなり、浸水の危険性が高まるため、点検・清掃を行う

◆排水設備の点検・清掃：地下フロアで、排水ポンプなどの設備が故障すると浸水被害を受けやすくなるため、点検・清掃を行う

◆強風で吹き飛ぶ可能性があるものの移動：屋外に置いてある植木鉢など、強風で吹き飛ばされる可能性があるものは安全な場所に移す

◆電子機器類の高所への移動：水濡れに弱い電子機器類は、浸水した場合に備えて、あらかじめ高い場所に移す

◆リスクの高い場所にある車両の移動：駐車スペースが地下、あるいは半地下にあり、スロープで入出庫する方式の場合は、浸水を防ぐことがむずかしいため、浸水リスクのない場所に車両を移動させる

◆土嚢や止水板の準備：構内、建物内への浸水を止めるための土嚢や止水板

を準備する

◆ガラス窓の補強：飛散防止フィルムを貼る、養生テープで補強するなどの対策を講じる

◆防災備蓄の確認：土嚢、止水板、養生テープなど水害の被害を軽減するための物品に不足がないか確認し、補充する（防災備蓄の確認は、平常時に行うことが望ましい）

　なお、事前準備は台風などが接近してから行うと危険ですから、必ず風雨が強くなる前に終えておくことが必須です。

3. 逃げる、そして逃げ遅れない

　自分のいる場所、つまり自社の拠点や自宅が水害発生時に浸水の可能性が高い場合は気象情報を踏まえ、的確な避難行動をとることが極めて重要です。

❶避難に関する情報を適時に入手する

　気象庁が出す防災気象情報と、市町村長が出す避難情報を適時に入手できる体制を平時から構築しておきます（**図表Ⅲ-4**）。

❷逃げるタイミングを逃さない

　それぞれの警戒情報は、「警戒レベル1」から「警戒レベル5」へと、順番に出されるとは限りません。また、「警戒レベル5」は、すでに災害が発生している状況で、必ず出されるというものでもありません。そして市町村は、さまざまな情報をもとに避難情報を出す判断を行いますから、必ずしも防災気象情報と同じレベルの避難情報が同時に出されるわけではありません。

　自らの命は自ら守る意識を強くもち、適切な避難行動をとることが求められます。特に、「警戒レベル3」および「警戒レベル4」に注目すること、大事な経営資源である従業員の命を守る観点から、決して逃げ遅れないことが重要です。

〔警戒レベル3〕

　高齢者や障害のある人など、避難に時間を要する人とその支援者が避難す

図表Ⅲ-4　避難情報に関するガイドライン

警戒 レベル	状況	住民がとるべき行動	行動を促す情報
5	災害発生または切迫	命の危険 直ちに安全確保	緊急安全確保 （市町村長が発令）
4	災害のおそれが高い	危険な場所から 全員避難	避難指示 （市町村長が発令）
3	災害のおそれがある	危険な場所から 高齢者等は避難	高齢者等避難 （市町村長が発令）
2	気象状況が悪化	自らの 避難行動を確認	大雨・洪水・高潮注意報 （気象庁が発表）
1	今後、気象状況が 悪化するおそれがある	災害への 心構えを高める	早期注意情報 （気象庁が発表）

出所：「避難情報に関するガイドライン」（内閣府（防災担当）、令和3年5月）をもとに作成

るタイミングです。職場に高齢者や障害のある人がいる場合は、企業として留意しておきましょう。

〔警戒レベル4〕

全員避難のタイミングです。速やかに危険な場所から避難します。

❸水平避難と垂直避難

水害から命を守るためには、当たり前のことですが、浸水しない場所に移動することです。

〔水平避難〕

まず、市町村が指定する避難所に避難することになりますが、状況によっては、その場所にこだわらず、「川から離れた、より安全な場所」に避難することも検討します。

〔垂直避難〕

風雨が急に強まる、あるいは浸水が始まっているなど屋外への避難行動がむずかしい場合は、自社拠点または、隣接する頑丈な建物などの高層階に移動します（2階より3階、3階より4階）。

4節

感染症から経営資源を守る

1. 感染症の被害は主として人への被害

　BCPを策定するにあたり認識しておくべきことは、感染症と地震などの自然災害では、被害の対象や期間、また被害発生後の被害の抑制などの点で差があることです（**図表Ⅲ-5**）。

　ここでは、その中から押さえておくべきポイントを説明します。

❶主として人への健康被害が対象

　従業員、建物・設備、そして電気・ガス・水道などのライフラインのすべてに大きな被害を及ぼす地震と異なり、感染症の被害は、人への健康被害が主なものです。そのため、従業員の健康を守ることが極めて重要です。特に、労働契約法第5条において、「使用者は、労働契約に伴い、労働者がその生命、身体等の安全を確保しつつ労働することができるよう、必要な配慮をするものとする」と定められていますから、職場の感染防止対策を的確に講じることが必須です。

❷従業員の確保が重要

　感染拡大時には、平常時に行っている業務に加えて、従業員の感染疑い事例への対応など新たな業務が発生します。その一方で、従業員が感染したり、濃厚接触者となったりすると、出勤をさせることができなくなります。そのため、足りない従業員をどのように補っていくかが重要なポイントです。

❸被害の量は感染防止対策に左右される

　地震の場合、発生すると、その後に被害量をコントロールすることはできません。しかし、感染症の場合、感染防止対策を的確に講じた企業と、そうでない企業では、その感染者数など被害量に差が出てくることが考えられま

図表III-5　地震災害と感染症の違い

項目	地震災害	感染症
被害の対象	主に建物・設備等、社会インフラへの被害が大きい	主として、人への健康被害が大きい
地理的な影響範囲	被害地域が限定される（他の地域からの支援を期待できる）	流行の時期に差はあるが、世界的な大流行となりうる
被害の期間	過去の事例からある程度、影響の予測が可能	長期化すると考えられるが、不確実性が高く影響の予測が困難
発生時期の予測	兆候がなく、発生時期の予測は困難	海外発生の場合は、国内発生までに一定の準備ができる
発生後の被害制御	被害量は、事後の制御不可能	被害の大きさは、感染防止対策によって左右される

出所：厚生労働省「事業者・職場における新型インフルエンザ対策ガイドライン」をもとに作成

す。感染防止対策に、着実に取り組むことが求められます。

2. 感染症を適切に恐れる

　未知の感染症、たとえば新型コロナウイルス感染症が発生する時期を正確に予測することは困難です。そして、これまで知られていなかった感染症が発生した際、われわれが冷静でいられるとは限りません。

　実際、パンデミック（世界的な大流行）となった新型コロナウイルス感染症の場合でも、その流行の初期には、多くの人がマスクを着用する中で、咳をすることもためらわれるような雰囲気がありました。それは新しく登場した感染症ということで、潜伏期間や致死率などその詳細がわからず、まだ治療薬やワクチンも開発されていない状況でもあり、多くの人が不安にかられたことがその理由の一つと考えられます。

　また当時、「この薬を飲めば大丈夫」「この健康法が効く」などの不確かな情報が広がり、WHO（世界保健機関）は根拠のない情報が大量に拡散される「インフォデミック」として警鐘を鳴らしました。

　われわれは、未知の感染症に対していたずらに恐れるのではなく、国や地方自治体など信頼できる情報源から正しい情報を入手し、適切に恐れることが求められます。

3. 感染防止対策の徹底

　感染症に対する有効な打ち手として、ワクチンや治療薬が考えられますが、それは一般の企業が関与できるものではありません。

　新たな感染症が日本に入ってきた場合、その感染リスクが低くなり、治療法が確立し、そしてワクチンが広く国民に行き渡るまでの間、つまり企業関係者の安全・安心が確保できるまでの間、われわれにできることは職場での感染防止対策を徹底することです。

(1) 感染防止対策に必要な体制の構築

　感染防止対策が知らないうちに進んでいるということはありえませんから、それを推進する社内体制が必要です。

　BCPの推進体制についても同様ですが、感染防止に必要な体制を整えるには、経営者の積極的な関与が必須です。感染防止対策には、接触回避のために出張など移動を制限すること、またテレワークの導入のように働き方そのものを変えるものもあり、それぞれの局面で経営判断が求められるからです。

　あわせて、感染症への対処の観点から産業医など産業保健スタッフに、また従業員の働き方については、社会保険労務士や弁護士に意見を聞ける仕組みがあることが望ましいでしょう。さらに、衛生委員会など社内の意見を反映できる体制も大切です。

(2) 感染経路の遮断

　感染防止対策のポイントは、その感染症がどのように流行を拡大するか、つまり感染経路を理解すること、そしてその感染経路を断つことです。

　たとえば新型コロナウイルス感染症の主な感染経路は、「飛沫感染」と「接触感染」ですが（厚生労働省「新型コロナウイルスに関するQ&A（一般の方向け）」）、これらの感染経路を断つことができれば、感染拡大の抑制が可

能です。

〔飛沫感染〕

　感染者の飛沫（くしゃみ、咳、つばなど）と一緒にウイルスが放出され、他の人がそのウイルスを口や鼻などから吸い込んで感染することです。

〔接触感染〕

　感染者がくしゃみや咳を手で押さえたのち、その手で周りの物に触れるとウイルスがつきます。他の人がそれを触るとウイルスが手に付着し、その手で口や鼻を触ることにより粘膜から感染します。

4. 職場でクラスターをつくらない

　主な感染経路を可能なかぎり絶ち、職場でクラスターを発生させないよう取り組むことで、大事な経営資源である従業員を守ります。

(1) 基本的な感染症対策を徹底する

　飛沫感染と接触感染を断つ感染症対策では、従業員一人ひとりが基本的な対策を徹底することが極めて重要です。次に示す対策をすべての従業員が実践できるようにすることが求められます。

◆マスク着用、咳エチケット[*4]を励行する

◆石鹸による手洗い、アルコール消毒薬による手指消毒を行う

◆可能な範囲で、人との距離（ソーシャルディスタンス）を保つ

◆外出する際、人ごみを避ける

◆接触感染を避けるため、手で顔を触らない

◆適切な換気を行う　　など

　また、発熱や咳、全身倦怠感などの症状がある場合に出勤すると、それが職場の感染拡大につながる可能性がありますから、絶対に出勤しないことを徹底しましょう。

　これまで職場において、「繁忙期には、少し無理をしても出社する」こと

が行われていたとすれば、その意識を組織として改めることが重要です。

(2) 職場への出勤率を下げる

職場に多くの従業員が出勤することで、いわゆる「3密」の状態（Ⅱ章注5参照）が起こりかねません。従業員の接触を避けるという観点から、できる範囲でテレワーク制度を導入し、出勤率を下げることを検討します。

また、テレワーク制度の導入は働き方の変更ですから、必要に応じて就業規則を変更するなど、コンプライアンス違反のないようにします。

(3) 職場での飛沫感染・接触感染リスクを下げる対策

❶オフィスの場合

可能な範囲で従業員同士の距離を保つ対策を講じます。具体的には、座る席の間隔そのものを広くすることが考えられます。ただ、これまでどおりの出勤率のままで、座る席の間隔を広くすることは困難ですから、テレワークの導入で出勤率を下げる対策とあわせて検討を進めるとよいでしょう。

❷工場など製造現場の場合

製造現場の場合、テレワークの導入は現実的ではありませんから、基本的な感染防止対策に加えて、業務の各場面での「3密」回避に努めます。

たとえば多くの従業員が集まる朝礼や点呼の場面では、より広いスペースで行うなど可能な範囲で「密集場所」とならない工夫をします。また、食事休憩や着替えではマスクを外す機会が増えますから、会話を控えます。一つの「密」でも感染リスクがあることに注意しましょう。

朝礼の際に実施される、職長による検温や体調確認も形式的に行うのではなく、的確に進めることが極めて重要です。

製造現場は、機械操作、組み立て・組み付け、機械保全・メンテナンスなどさまざまな職種の従業員の連携で成り立っていますから、感染者が発生し、濃厚接触者を含め複数の従業員が欠けると、現場全体が機能停止となりかねません。感染防止対策に着実に取り組むことが求められます。

❸飲食業・小売業などの場合

　飲食店やスーパーマーケットなどでは常にお客さまがいる状態ですから、従業員とお客さま双方の観点から次のような感染防止対策が必要です。

◆入り口ドアを適宜開放するなど、定期的に換気する

◆店舗の入り口にアルコール消毒薬を置く

◆お客さまと対面するカウンターにはアクリル板などを設置する

◆キャッシュレスでの支払いを導入する

◆現金の取り扱いには、コイントレーを使う

◆ソーシャルディスタンスを確保するため、床にレジ待ちの位置を示す

◆貸し出し用のカートやバギーを消毒する

◆飲食店では、お客さまが入れ替わるタイミングでテーブルやメニュー表を消毒する　など

　また、国や地方自治体から営業時間に関する要請があれば、関係機関とも連携のうえ、協力することが求められます。

(4) 従業員の行動変容を促すことを支援する

　感染防止対策は、その内容を理解しているだけでは意味がなく、従業員の一人ひとりが自分自身の行動を変え、実践することが必須です。そのためには、企業側も、従業員が無理なく感染防止対策に取り組めるように環境整備を進めます。

❶感染防止対策に必要な物品の配備

　アルコール消毒薬は職場各所に配備し必要なときに使えるようにします。

❷トイレなど手を洗う場所

　手洗いはある程度の時間をかけて行う必要があります。寒い季節には冷たい水で洗うことがむずかしくなりますから、温水も使えるようにします。また、タッチレスで衛生的に使えるよう、センサー式水栓の導入を検討します。

❸休憩室や更衣室

　休憩室や更衣室などで換気が十分でないと考えられる場所があれば、必要

な換気ができるように整備します。

5.平常時からの準備

　企業の重要な経営資源である従業員を守るために必須となる感染防止対策ですが、その多くは「やる」と決めても、すぐに実施できるとは限りません。

(1) テレワーク導入とハード・ソフト両面の準備

　テレワークを例にとり、平常時の準備の重要性を確認しておきます。

　ハード面は、パソコンなど機器類の購入と従業員への配備、そして従業員の自宅でのネットワーク環境やセキュリティ環境の整備が該当します。

　ソフト面は、自宅で仕事をすることに関して就業規則を改訂する、また労働時間の管理や人事評価のルールを決めることなどが含まれます。

　さらに、一つの企業の中でも、テレワークで進めることができる業務と、テレワークに置き換えることができない業務があります。まず社内業務の洗い出しから始めることが必要となりますので、実際のスタートまでには時間がかかります。

(2) 感染防止対策に必要なものの調達は平常時に行う

　「感染症の流行が始まったので、アルコール消毒薬による手指消毒を徹底しよう」と考えても、アルコール消毒薬がなければ、その対策を進めることはできません。しかも、だれしも考えることは同じで、流行が始まる、感染状況が悪化するなど、多くの人がマスクやアルコール消毒薬など感染防止対策に必要なものを購入しようとするタイミングは同じ時期に集中します。

　これらの感染防止対策に必要なものについては、平常時に調達し、備蓄しておくことが求められます。また備蓄量を定期的に確認し、足りない分については、適時に購入を進めましょう。

5節

従業員の自宅での対策と備蓄品

　これまで、地震、水害、そして感染症から、経営資源を守るための対策について説明してきました。それは、自社の拠点という具体的な場所で、どのように守るべきかという観点での対策です。

　しかし、従業員を守るためには、自宅での対策も欠かせません。それは、地震や水害は、従業員が会社にいるときだけに起こるものではなく、またどこにいても感染症のリスクはあるからです。

　企業は、従業員を守るために、次のような項目について、社内研修などで啓発することが求められます。

◆自宅の耐震性を確認し、必要に応じて耐震補強する

◆家具を固定する、また食器戸棚や書棚の上に重いものを載せない

◆ハザードマップで自宅の水害による浸水リスクを認識する

◆指定緊急避難場所や指定避難所の場所を確認し、家族で共有する

◆防災備蓄を準備する（最低3日間分、推奨1週間。**図表Ⅲ-6**参照）

◆災害時にお互いの安否を確認できるよう準備する（災害用伝言ダイヤル、災害用伝言版など）

◆感染防止対策を家族で理解し、実践する

　これらの項目は、企業でも同様ですが、理解するだけでは十分ではなく、実践できることが必須です。

　なお、社員やその家族の安否確認については、Ⅴ章で取り上げます。

図表Ⅲ-6　自宅における防災備蓄例

　防災備蓄を特別な準備と考え、ふだんの生活で使わない物を用意する必要はありません。

　日頃から食べている食品や生活必需品を少し多めに買い、その状態を保つことで、「最低３日分、推奨１週間」の防災備蓄を進めることが考えられます。そして、それらの防災備蓄の品物は、日常生活の中で消費するとともに、備蓄量が足りなくなる前に補充します。

　備蓄しておく品物やその量は、家族構成によって異なりますが、以下のリストを参考にして検討するとよいでしょう。あわせて、備蓄する場所を確保することも必要です。

【日常生活に必要なもの】

分類ポイント	備蓄する品物など（日常使うものを多めにストックするイメージ）
水・食料	● 飲料水（大人一人、１日３リットルが目安） ● 入浴のための水など生活用水を備蓄することは現実的ではないため、清拭用のウェットティッシュやドライシャンプーを準備する ● 主食（レトルトご飯、インスタント麺、乾麺など） ● 主菜（レトルト食品、缶詰、干し椎茸や切り干し大根など水で戻して使える乾物など） ● 果物、野菜ジュース、小豆などの缶詰 ● 調味料　など
調理に必要なもの	● カセットコンロとカセットボンベ　など
生活用品	● トイレットペーパー　● ティッシュペーパー ● 除菌ウェットティッシュ ● 大型ビニール袋（ゴミ袋、給水袋、トイレ用の袋などに利用可能） ● 常備薬、持病の薬（救急箱）　● 生理用品 ● 使い捨てカイロ　● 使い捨てコンタクトレンズ ● ライター　● 食品用ラップフイルム　など
災害時・感染症流行時に必要なもの	● 簡易トイレ　● 懐中電灯（電池を含む） ● 充電式・手回し式のラジオ　● 携帯電話のバッテリー ● マスク　● アルコール消毒薬 ● ラテックスの手袋　など
乳幼児のいる家庭	● 離乳食　● 粉ミルク ● おむつ　● お尻ふき　など
高齢者のいる家庭	● 常備薬に加えて医師から処方された薬 ● やわらかい食品（おかゆなど）　● おむつ ● 補聴器用の電池　● 入れ歯洗浄剤　など

（注）

1. 津波警報・注意報：気象庁は、地震が発生した時には地震の規模や位置をすぐに推定し、これらをもとに沿岸で予想される津波の高さを求め、地震が発生してから約3分（一部の地震については約2分）を目標に、大津波警報、津波警報または津波注意報を、津波予報区単位で発表する（気象庁ホームページ）。

2. 指定緊急避難場所：市町村長は、防災施設の整備の状況、地形、地質その他の状況を総合的に勘案し、必要があると認めるときは、災害が発生し、又は発生するおそれがある場合における円滑かつ迅速な避難のための立退きの確保を図るため、政令で定める基準に適合する施設又は場所を、洪水、津波その他の政令で定める異常な現象の種類ごとに、指定緊急避難場所として指定しなければならない。［災害対策基本法第四十九条の四］

3. 指定避難所：市町村長は、想定される災害の状況、人口の状況その他の状況を勘案し、災害が発生した場合における適切な避難所（避難のための立退きを行つた居住者、滞在者その他の者（以下「居住者等」という。）を避難のために必要な間滞在させ、又は自ら居住の場所を確保することが困難な被災した住民（以下「被災住民」という。）その他の被災者を一時的に滞在させるための施設をいう。以下同じ。）の確保を図るため、政令で定める基準に適合する公共施設その他の施設を指定避難所として指定しなければならない。［災害対策基本法第四十九条の七］

4. 咳エチケット：咳やくしゃみの飛沫で感染する感染症を他の人に感染させないために、個人が咳やくしゃみをする際に、マスク、ティッシュペーパー、ハンカチや袖を使って、口や鼻をおさえること。

IV 章
策定の基本手順

BCP を策定する

BCPは代替戦略

BCPにおいては、「重要な事業を中断させないこと」と「中断した事業を可能な限り短い期間で復旧させ、継続させること」の二段構えで進めることが重要です。そこで本章では、実際にBCPを作成する際の進め方を理解しましょう。

(1) 不足する経営資源を見越した対策を立案する

自然災害に見舞われたときでも、もし、自社の経営資源がまったく被害を受けず、災害前と同じように従業員、建物・設備、そしてライフラインなどが確保できれば、事業を継続できるはずです。

しかし実際に首都直下地震クラスの大地震が発生すれば、そのようなことはありえず、従業員は欠け、建物は損傷し、停電や断水が起こり、事業は中断します。そのような事態が発生すれば、足りなくなった経営資源を補いつつ、事業を継続することが求められます。

つまり、危機的事象が発生した際、自社のどのような経営資源が不足するのか、その足りないところを見つけておき、それを代替する対策を考えてBCPに落とし込むことがポイントです。

(2) 最終的には、起こった結果に対処することが重要

もう少し、具体的に考えてみましょう。

Ⅲ章で説明したとおり、防災の考え方、つまり経営資源の守り方は、災害の種類によって違います。その原因が、地震か、水害か、あるいは感染症かによって、経営資源を守る方法を変える必要があります。

しかしBCPでは、危機的事象が発生した場合、その原因が何であるかでは

なく、何が起こったかに焦点を当て、その結果に対処することに注力します（**図表Ⅳ-1**）。具体的には、危機的事象が発生したことにより欠けた経営資源を補い事業を継続していけるようにするものです。

　図表Ⅳ-1の「従業員の被害」で考えてみましょう。二段構えで進めるBCPの前段の部分、つまり重要な事業を中断させないためには、事業継続に必要な経営資源を守ることが必須です。その経営資源の一つである従業員を守るためには、次のとおり危機的事象ごとに考えます。

◆自社ビルを耐震改修することで、地震から従業員を守る

◆的確な避難行動をとり、水害から従業員を守る

◆職場内の感染防止対策を徹底し、感染症から従業員を守る

　しかし、二段構えで進めるBCPの後段の部分、つまり中断した事業を可能なかぎり短い期間で復旧させ、継続させるためには、足りない経営資源を補うことが重要です。

　このように、従業員が欠けた理由が、地震、水害、あるいは感染症であるかに着目するのではなく、足りなくなった従業員をどのような形で代替するかという方針や手順を落とし込んだものがBCPです。

図表Ⅳ-1　BCPは結果事象（危機的事象の結果、何が起こったか）で考える

従業員の被害（従業員の死傷）
　　◆地震で多くの従業員が負傷
　　◆水害で従業員が亡くなる
　　◆感染症で従業員が入院
建物・設備の被害（建物・設備の損傷）
　　◆地震で本社建物が倒壊
　　◆洪水で倉庫の1階部分が水没
　　◆土砂崩れで倉庫の在庫が破損
ライフラインの被害（供給の停止）
　　◆地震で停電
　　◆洪水で断水
　　◆地震でガスの供給停止

危機的事象の結果、欠けた経営資源を補って事業を継続することをめざす

2節

BCP策定の流れ

　自社のBCPを策定すると決めても、どこから手をつけるべきか、どのように進めればよいか、わからないという声をよく耳にします。ここでは、まずBCP策定の流れについて、その全体像を俯瞰します（**図表Ⅳ-2**）。

(1) BCPの目的・体制を明確にする

　どのような企業でも、BCPを策定するにあたっては、何を目的にBCPを策定するのか、そしてそれをどのような体制で進めていくか（何を、どのように実行するのか）を明確にすることが重要です。

　まず、BCPを策定する目的を明確にし、それを全従業員で共有することから始めましょう。

(2) 被害想定を確認する

　BCPの目的は、不測の事態が発生しても重要な事業を中断させない、また中断しても可能なかぎり短い時間で復旧させることです。

図表Ⅳ-2　BCP策定の流れ（全体像）

①BCPの目的・体制を決める
　自社のBCPの目的およびその推進体制を決める
②被害想定を確認する
　危機的事象が起こった際、世の中と自社がどのような被害に見舞われるか確認する
③中核事業の選定
　事業インパクト分析を行い、自社で優先するべき中核事業を選ぶ
④重要業務の把握
　中核事業を遂行するために必要となる重要業務を把握する
⑤BCPに代替戦略を落とし込む
　欠けた経営資源を代替し、事業を継続する手順をBCPに落とし込む

そのためには、さまざまな危機的事象が起こったとき、世の中はどのような状況になるのか、そして自社はどのような被害に見舞われるかを確認し、そのうえで準備を進めていきます。

❶世の中の被害状況を確認する

すでに説明したとおり、事業を中断させる危機的事象は、地震や水害などの自然災害とは限りません。工場での爆発事故、そして感染症の流行による突発的な経営環境の変化など、特定の危機的事象の結果として、自社の事業が中断するような状況になれば、BCPを発動させ、事業継続をめざすことになります。

ただし本書では、「首都直下地震」を例にとり、「被害想定の確認」について説明を進めます。それは、次のとおり、地震の場合は重要な経営資源のすべてが大きな被害を受けますから、その最悪の想定も踏まえて、足りない経営資源をどのように代替するか検討できるからです。

◆従業員がケガをする、あるいは無事であっても家族の被災等の事情で出社できない

◆オフィス、工場などの建物が壊れ、中にある設備や機械類が破損する

◆電気・ガス・水道などのライフラインが供給を停止する

それぞれの企業では、自社拠点が所在する地域で起こることが想定されている地震の被害想定を参考に、そのとき何が起こるのか、どのような状況に見舞われるのかを確認することになります。

❷自社の被害を確認する

首都直下地震では、関東地方の広範囲で甚大な被害が出ることが想定されていますが、ここで重要なことは、自社の従業員、建物・設備、そしてライフラインがどのような被害に見舞われるかを確認することです。

この段階で想定される自社の被害が、事業を継続するにあたってどのような支障をもたらすかを明らかにします。そうすることによって、その支障を克服するための代替策をBCPに落とし込むことができます。逆にこの段階で、どこに支障が発生するかを見逃すと、何の準備もないまま地震に見舞われる

ことになります。

(3) 中核事業の選定

　BCPでは、「不測の事態が発生しても、重要な事業を中断させない、または中断しても可能な限り短い期間で復旧させる」ことをめざしています。

　自社が複数の事業を行っている場合、ここでいう「重要な事業」とは、その中で最も利益に貢献している部門、最も売り上げの大きい部門、あるいは最も重要な得意先向けの商品を製造する部門などを指します。

　中核事業の選定にあたっては通常、事業インパクト分析[*1]（BIA：Business Impact Analysis）を行い、事業継続に必要な資源を特定するとともに事業への影響、事業継続の優先順位、目標復旧時間[*2]などを決めていきます。

(4) 重要業務の把握

　事業インパクト分析を踏まえ、自社の中核事業を選定したら、当該事業を遂行するにあたり必要不可欠な重要業務を把握します。中核事業は複数の業務手順によって成り立っています。それらの重要業務を洗い出し、被災時にはその重要業務を的確に進めることによって、中核事業を継続していきます。

　この作業においては、中核事業を構成するすべての重要業務を漏れなく把握することが極めて大事ですから、BCP策定部門だけではなく、それぞれの現場で実際に業務を行っている従業員を加えて行うことが必須です。それは、ここで必要な重要業務が一つでも欠けていると、中核事業は回らないからです。

　中核事業は複数の業務から構成されていますが、そのそれぞれの現場で仕事をしている従業員を含めて検討することで、本当に重要な業務を明らかにするという趣旨です。

(5) BCPに代替戦略を落とし込む

　首都直下地震クラスの地震が起こっても、もし、従業員、建物・設備、そ

してライフラインといった自社の経営資源に被害がなければ、理論的に事業継続は可能です。しかし実際には、そのようなことは起こりえず、経営資源の多くは必ず、不足したり、欠けたりします。

そこで、この段階では、被災時に足りなくなった経営資源、あるいは欠けた経営資源をどのように補うか、つまり代替するかを検討し、できるかぎりその代替戦略をBCPに落とし込んでいきます。

基本的にはすべてに代替策を考えます。ただ、策定時には代替策がない、あるいは実現できない場合は、BCP改訂時に盛り込みます。たとえば非常用自家発電設備がコストの関係で導入できず、改訂時に導入するような場合です。

BCP策定の基本手順

ここでは、BCPを策定する際の基本手順を具体的に確認します。

1. BCPの目的・体制を明確にする

(1) BCPの目的

BCPは、いつ不測の事態が発生しても、その段階で限られた経営資源を投入して、重要な事業を中断させない、また中断した場合でも可能なかぎり短い期間で復旧させるためのものですから、まさに経営戦略といえます。

そこで、BCPの策定にあたり、経営者は自社事業、および自社を取り巻く経営環境を踏まえ、自社が果たすべき責任や役割をBCPに反映させることが重要です。

これらを前提として考えると、BCPの目的は次のとおりです。

❶従業員やその家族の命を守り、自社の建物・設備などの資産を守る

まず、自社の建物内にいる従業員の命を守ることが最優先です。また、従業員の家族がケガをするなどの状況にあれば、従業員が被災後、職場に戻ることもむずかしくなりますから、BCPの目的として「家族の命」に触れている企業も増えています。また、小売業など常に顧客と接する事業を行っている企業では、「顧客の命」を含めることも考えられます。

さらに、災害に見舞われたのち、事業を中断させず、さらに継続するために、自社の建物・設備などの資産を守ることも求められます。

❷自社の事業を継続する

自社の事業の継続は、事前にさまざまな準備をすることによって事業を中断させないこと、そして、中断した場合でも可能なかぎり短い期間で復旧さ

せることを意味しています。

❸ステークホルダーとの連携や地域社会への貢献

前述の二つの目的、「従業員やその家族の命を守り、自社の建物・設備などの資産を守る」および「自社の事業を継続する」に適切に対応できていることが前提となりますが、BCPにおいては、ステークホルダーや地域社会との関係も重要な要素となります。

単に自社だけのことではなく、関連会社、グループ会社などの従業員の身体・生命の安全確保なども、お互いに連携して取り組むことが求められています。

あわせて、平常時に地域住民と連携して防災訓練を行う、また被災後に地域の復旧活動に協力するなどのことも考えられます。

(2) 社内推進体制の構築

自社のBCPが知らないうちにでき上がっているということはありません。BCPを策定すること、そしてその後、それを維持・更新していくなどの活動を行うためには、社内にBCPを推進する体制が必要です。

ただ、それは必ずしも一から作り上げる必要はなく、たとえば、すでに立ち上がっている防災体制やリスクマネジメント体制などを前提として構築することが現実的です。逆に、従来からある体制に加えて、新たな体制をつくると、複数の体制の間で役割分担を調整する必要が出てくる、機動性に欠けるなど、いざというときに混乱を招く可能性もあります。

BCPの推進体制構築にあたっては、次の点に留意します。

❶経営者が推進体制のトップとなる

これは、危機管理対応すべてにいえることですが、BCPの推進体制のトップは必ず経営者とします。それは、BCPを運用する過程で、速やかに重要な決断を行う必要があるからです。

たとえば自社が複数の事業部門を有する場合、被災時には限られた従業員数で事業を継続せざるをえません。その際、どの部門を優先して従業員など

の経営資源を投入するか、経営者が平常時に決めておくことが必須です。

　また、事業を中断させないために、建物の耐震改修工事や非常用自家発電設備の導入、さらには防災備蓄の整備などが考えられますが、それらには多額の費用がかかります。この対策を実際に行うのか、また実行する場合にもその優先順位をどうするかなど、経営者の判断が求められます。

　あわせて、被災時に、部門間を横断した問題で調整が必要となった場合にも、経営者の判断を仰ぐことが必要となります。

❷各部門からメンバーを集める

　推進体制の事務局機能は、総務部や経営企画部などが担うことが多いようですが、総務部だけ、あるいは経営企画部だけでBCP体制を推進しようとするとうまくいきません。

　たとえば自社の被害を想定する作業を進めるにあたっては、現場を熟知している従業員がいないと、細かな点で漏れが出て、その部分の対策を講じることができません。また、BCPの旗振り役が特定部門に偏っていると、それ以外の部門の協力を得ることがむずかしくなり、被災時にもお互い協力して、中断した事業を復旧しようという意識の醸成もできません。

❸代行順位や権限委譲を決めておく

　BCPの推進体制の構成員には、さまざまな役割が与えられますが、必ず、その代行順位とそれに伴う権限委譲を決めておきます。

　なぜなら、大きな地震や水害に見舞われた際、推進体制の構成員がすべて無事であるとは限らず、また本人が無事でも家族の都合で職場にくることができない、あるいは交通手段がなく移動できないなどの状況が考えられるからです。

　もし、構成員のだれかが不在となった場合は、そのポジションをだれが埋めるのかということと、その代行者には、その役割の権限が委譲されることを決めておけば、BCPの推進に支障はありません。たとえば営業部長が不在の場合は、営業副部長、営業第一課長の順に役割が委譲される形です。

　あわせて、実際にどのような場合に代行順位が発動するかについても、「営

業部長と一定時間、連絡がとれない場合」、あるいは「営業部長が負傷するなどして職場に戻れない場合」など基準を設けておくとよいでしょう。

⑶ 体制構築のポイント

推進体制の一例を図示したものが**図表Ⅳ-3**です。具体的には、次の点がポイントとなります。

❶所管部門は、平常時の業務内容と合致する部門とする

被災後にやるべきことを、機能別のチームに割り振る形で体制を組みますが、それぞれのチームを所管する部門は、平常時に行っている業務内容と合致させ、違和感が生じないようにします。

たとえば従業員の安否確認や被災後の要員配置などは、平常時に人事部が使う人事データが必要となりますから、人事部が所管することになります。また、被災時にダウンした社内のさまざまなシステムの状況を確認して復旧させるチームが、ITシステム部の所管となることも自然な流れです。

❷役割分担に漏れがないようにする

図表Ⅳ-3で、特に重要なことは、「役割分担」です。自社のBCP推進体制をつくる段階で、被災した際、何をやるべきかを網羅的、そして漏れなく洗い出すことが求められます。そして、やるべきことを漏れなく選ぶためには、それぞれの所管部門で現場や実務を理解しているメンバーが協力のうえ、作業を進めていきます。

それは、被災時にこのBCP推進体制の役割分担に記載されていないことが発生すると、担当チームが決まっていないことで対応が遅れ、トラブルが広がってしまうことがあるからです。

❸従業員数が少ない場合は、小さいチームに分けない

図表Ⅳ-3では、5つのチームに分けてそれぞれの役割を果たす体制をとっています。しかし、小規模の企業の場合、あまり小さく分けてしまうと、各チームが機能を果たせない可能性があります。それは、実際の災害に見舞われた場合、必ずしもチームの全員が揃わないことが考えられ、代行順位を発

図表Ⅳ-3　BCP推進体制の例

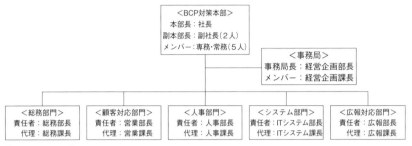

【各部門の機能】

チーム	所管部	役割分担
総務部門	総務部	被害のあった建物・設備の補修・保全、防災備蓄、物資の調達、ライフラインの確保、物流機能の確保　など
顧客対応部門	営業部	顧客からの照会対応、納品時期の調整、商品・サービスの提供継続　など
人事部門	人事部	従業員の安否確認、負傷者への対応、被災後の要員配置、労務問題への対処　など
システム部門	IT システム部	システム機能の確認と復旧、システム関連の事業継続　など
広報対応部門	広報部	被災状況のとりまとめ、対外発信、IR、社内イントラネットの復旧　など

動させても間に合わないことがあるからです。

　小規模の企業であれば、顧客や外部機関とのやり取りや災害復旧業務など現場での対応を行うチームと、それ以外の役割を担当する後方支援チームのように、大きく二つに分けてBCPを推進することでもよいでしょう。

　ただ、その場合でも、やるべき業務は漏らさず選び出し、二つのチームに適切に割り振ることが大切です。

⑷　体制に必要な物資

　構築された体制のもとでBCPを運用する際、復旧作業やその後の事業継続のためにはさまざまな物資が必要です。被災後、外部からの支援物資が届くまで時間がかかりますから、それらの物資を準備・備蓄しておくことが肝要です（**図表Ⅳ-4**）。

　また、地震後に従業員が一斉に帰宅すると、従業員が危険であること、そして救助・救命活動に支障があることなどから、企業は、自社の建物が安全

図表Ⅳ-4　体制に必要な物資

分類ポイント	必要な物資の例
対策本部で 必要となる 設備・機器類	対策本部を会議室などに設営する場合に必要なものを例示しているが、通常業務を行う場所、たとえば総務部オフィスに設営する場合、特段準備しなくてもよいものも含む。 ● 机・椅子・パソコン・ホワイトボード ● 懐中電灯やランタンなどの照明（電池を含む） ● 記録用の IC レコーダー ● 充電式・手回し式のラジオ　など
社内外との 連絡に 必要なもの	日常業務で使用しない衛星携帯電話やトランシーバーは、その保管場所や使用方法を対策本部メンバーで共有しておくことが重要である。 ● メガホン・拡声器 ● 衛星携帯電話 ● トランシーバー　など
救助・救命に 必要なもの	社内で負傷者が出た場合は、従業員が応急手当をすることを前提に物資を準備する。 ● 救助用工具セット ● 救急セット ● ロープや避難用はしご　など
停電時に 必要なもの	非常用自家発電設備を導入している場合も、どの電気機器をどの程度稼働させるかを決めておくことが求められる。 ● 非常用自家発電設備（燃料を含む） ● 懐中電灯（電池を含む） ● 携帯電話のバッテリー　など
水・食料	企業の場合、家庭における備蓄のように、食料品を多めに買って、それを防災備蓄と考えるという方法がとれない。被災後、従業員がオフィスにとどまることを前提に、水・食料を備蓄し、あわせて保管するスペースも準備する。 ● 飲料水 ● 食品（レトルト食品、インスタント食品、缶詰）　など
生活に 必要なもの	電気・ガス・水道などのライフラインが停止することを前提に準備する。まず、収納できるスペースを確保することが必須である。 ● 簡易トイレおよびトイレットペーパー ● ティッシュペーパー ● 除菌ウェットティッシュ ● 大型ビニール袋（ゴミ袋、給水袋、トイレ用の袋などに利用可能） ● 生理用品 ● 食品用ラップフイルム ● タオル ● ポリタンク・バケツ ● カセットコンロおよびボンベ ● 紙皿・紙コップ・割りばし ● マスク ● アルコール消毒薬 ● アルミブランケット（感染対策のため、共用としない）　など

であることを前提として、従業員を自社内にとどめることが求められています。

　加えて企業のオフィスは、家庭におけるような日常生活は想定されていませんから、水や食料品など生活に必要な物資を備蓄することも重要です。自宅における防災備蓄例（**図表Ⅲ-6**参照）を参考に準備を進めましょう。

(5) 発動基準の明確化

　BCP推進体制を構築していても、自然災害の発生や感染症の流行に見舞われた際、実際に運用できなければ意味がありません。そこで、BCPを有効に機能させるための発動基準を明確に定めておくことが求められます。

　たとえば大きな地震に見舞われ、その時点で残された経営資源を前提にすると、重要な業務を目標復旧時間内に回復させることがむずかしいと判断した場合に、BCPを発動させることが基本となります。

　BCPの発動基準としては、次の二つの方法が考えられます。

❶自動発動

　事業継続上の脅威が顕在化した場合、自動的に発動させる方法です。

◆地震の場合の例：本社所在地に震度５強以上の揺れが観測された場合

◆水害の場合の例：本社が所在する地域に、「警戒レベル３[*3]」以上が発出された場合

❷発動権限を有する者による発動

　BCPにおいて定められた、対策本部長や対策副本部長などの発動権限者が発動させる方法です。これは、自動発動の基準を満たさない場合でも、自社の事業が中断し、重要業務を目標復旧時間内に回復させることがむずかしい場合に発動させます。

　自動発動の基準が震度５強以上である場合を例にとって考えてみましょう。自社の所在地の揺れが震度５弱であっても、隣接する建物の火災による延焼に巻き込まれ、自社建物と従業員に大きな被害が生じた場合に、発動権限者がBCPを発動するケースなどが想定されます。

BCPが発動されている期間は、緊急事態を乗り切るために、平常時とは異なるさまざまな、そして時には異例の対応を行いますが、その期間はずっと続くものではありません。発動基準とともに、「生産がBCP発動前の水準まで復旧した場合」のように、発動させたBCPを停止させる「停止基準」も決めておくことが求められます。

2. 被害想定を確認する

⑴ 地震を想定して世の中がどうなるか理解する

これまで説明したとおり、BCPは地震や水害などの自然災害に限らず、感染症のまん延やテロ等の事件や大事故など、企業の事業を中断させる可能性のあるすべての危機的事象を対象としています。

ただ、ここでは次の理由から地震を想定し、世の中がどうなるか考え、さらに自社の被害を予測します。

❶地震は日本のあらゆる地域で、いつ起こっても不思議ではない

日本は世界でも地震の多い国として知られており、実際これまでも、阪神・淡路大震災、東日本大震災、そして熊本地震など大きな地震に見舞われてきました。今後もそのような地震が発生すると甚大な被害をもたらすことが懸念されており、速やかに準備を進めることが求められています。

❷地震では最悪のシナリオを踏まえて準備する

一たび地震が発生すると、従業員、建物・設備、そしてライフラインのすべてに被害が及び、それらが欠けたり、足りなくなったりします。そこで、それらの不足する経営資源をどのように補うか、また代替するかを検討しておくことで、水害や感染症など他の危機的事象に見舞われた場合でも対応が可能となります。

⑵ 首都直下地震における被害想定

「首都直下地震の被害想定と対策について（最終報告）」（中央防災会議、

首都直下地震対策検討ワーキンググループ、2013年12月）では、マグニチュード7クラスの都区部直下地震について、パターン分けをして分析していますが、ここでは首都直下地震のうち、首都中枢機能への影響や被災量がおおむね最も大きくなる都心南部直下の地震の被害想定を確認します。

　主要な被害想定をまとめたものが、**図表Ⅰ-1**ですが、ここに記載された数字、特に分野ごとの被災量は、震源断層域が数キロメートル違うだけで大きく異なるものになるという点を理解しておいてください。

　この段階において、単に人的・物的被害の量に注目するのではなく、これらの分野別の被害想定を踏まえて、その被害に備える防災対策を具体的に検討することが重要です。

　また、この被害想定は、あくまで想定の一つとして策定されたものですから、実際の首都直下地震で、必ずこの様相どおりの事象が起こるとは限りません。ただ、この被害想定を踏まえたうえで自社の被害を想定し、さらにはBCPを策定しておけば、実際の被災時にも、適切な軌道修正を行いつつ、より現実に即した対応を進めることが可能となります。

⑶ BCPを策定するにあたっての視点

　この首都直下地震における被害想定、つまり世の中はどのような状況に陥るのかという想定は、自社がBCPを策定するにあたっての重要な視点となります。次の点を理解しておきましょう。

❶多数の建物が倒壊する

　都心南部直下地震の被害想定では、震度6強の大きな揺れによって（**図表Ⅳ-5**）、特に都心部を囲むように分布している木造住宅密集市街地等において、老朽化した建物や耐震性の低い木造家屋等が多数倒壊します。また、急傾斜地の崩壊などによる家屋の損壊も発生します（**図表Ⅳ-6**）。

〔BCPの視点〕

　企業は、自社の建物、たとえば本社ビル、工場、倉庫などもその耐震性によって倒壊や半壊のおそれがあること、また従業員の自宅も同様のリスクが

あることを認識しておくことが重要です。

❷多くの人的被害がある

　家具の下敷きや、家屋の損壊による出口等の閉塞などにより、多くの自力脱出困難者が発生する中で、救命・救助活動が間に合わず、また火災や余震に伴う建物被害が増大した場合、亡くなる方が多数発生します。

図表Ⅳ-5　震度分布（都心南部直下地震）

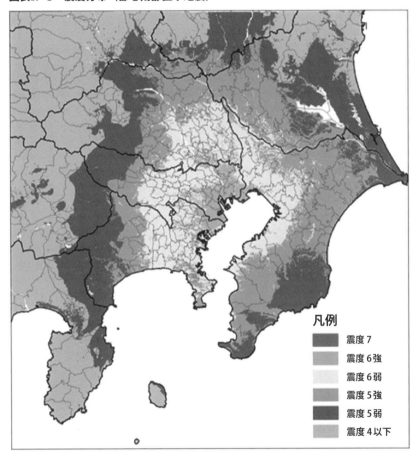

出所：「特集　首都直下地震の被害想定と対策について（最終報告）」内閣府防災情報のページ

図表Ⅳ-6　250メートルメッシュ別の全壊・焼失棟数（都心南部直下地震、冬の夕方、風速8m/s）

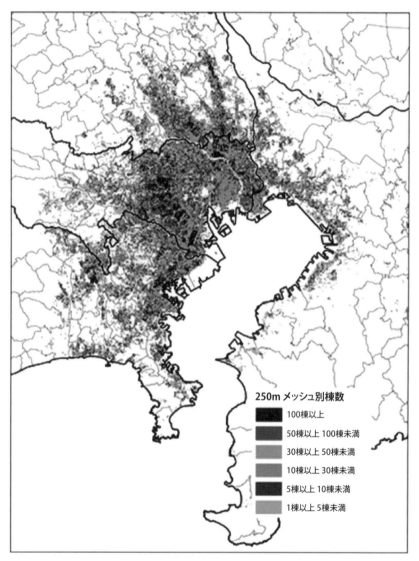

出所：「特集　首都直下地震の被害想定と対策について（最終報告）」内閣府防災情報のページ

〔BCPの視点〕

多数の人的被害があるということは、従業員の中にも負傷する人がいる、また本人は無事であっても家族が負傷するなどして、被災後、多くの従業員が職場に戻れないことも考えられます。

❸市街地火災の多発と延焼

地震発生直後から、火災が同時多発することが想定されています。次の理由で、環状六号線から八号線の間をはじめとして、木造住宅密集市街地が連なる地域を中心に大規模な延焼火災となると考えられます。

◆地震の大きな揺れによる断水で消火栓が機能しない

◆深刻な交通渋滞で消防車両が火災現場にアクセスできない

◆火災が同時多発することで、消防力が分散する　など

さらに、複数の地点で火災が発生するため四方を火災で取り囲まれる、また火災旋風の発生により逃げ惑いが起こるなどの状況から、多数の人的被害が懸念されます。

〔BCPの視点〕

まず企業は、自社拠点からの出火を回避することが必須です。スプリンクラーや消火栓設備などの消火設備を整備し、定期的に点検するとともに、初期消火の体制を構築しておくことも求められます。

また、自社の拠点から出火しなかった場合でも、延焼に巻き込まれる可能性がありますから、指定緊急避難場所がどこにあるか、またそこまでの避難経路はどの道かなどの情報を、従業員全員で共有しておきます。

❹電気・ガス・水道などのライフライン

ライフラインの状況は、震源断層域がどこかによって、供給停止する範囲や割合は異なりますが、その供給に支障が生じます。

〔BCPの視点〕

BCPの策定にあたっては、すべてのライフラインは地震発生後、いったん、その供給が止まると想定して代替策を検討しておきます。もちろん、想定以上に早く、ライフラインが復旧することも考えられますが、それを前提にす

るとBCPが機能しません。

❺道路網

　直轄国道の主要路線、首都高速、高速道路では、被災状況の把握、点検、通行車両の誘導、道路啓開に少なくとも1〜2日程度を要し、その後も緊急交通路として緊急通行車両の通行が可能となります。

　都区部の一般道は、被災や液状化による沈下、建物倒壊による瓦礫<rt>がれき</rt>などで通行できない区間が多数発生し、激しい渋滞が発生することから復旧には1か月以上かかると想定されています。

〔BCPの視点〕

　これは、事業継続の観点では物流機能の停止を意味しますから、原材料や製造に必要な物資が届かない、商品の配送ができないなどの状況が発生します。また、備蓄量が足りず、追加で調達したいと考えても、すぐに入手することは困難となります。

❻JR在来線および私鉄

　過去の大地震の教訓を踏まえて、高架橋などの耐震補強が進められてきましたが、架線の損傷や軌道そのものの変形、切土・盛土の被害、橋梁の亀裂・損傷等により、運転再開までに1か月程度を要することも想定されています。

〔BCPの視点〕

　多くの従業員の通勤手段である鉄道路線の運行再開までに長期間を要することを踏まえておかなければなりません。

　これには二つの意味があります。夜間・休日に地震が発生した場合、従業員本人は無事であっても、通勤手段が回復するまで出社することが困難になります。また、就業時間中に地震が発生した場合、従業員は帰宅の手段が確保できるまでの間、企業内にとどまらざるをえないことが考えられます。

(4) 自社の被害想定

❶国・自治体の被害想定に基づき、自社の被害を想定する

　国あるいは自治体の被害想定に基づいて、自社の従業員、建物・設備、そ

してライフラインへの影響を想定します。

　たとえば自社拠点の建物の被害想定は、自社拠点がある場所で想定されている震度を基準に考えます。東京都は広範な地域が「震度6強」の強い揺れに見舞われると想定されていますが、新耐震基準で建てられた自社拠点が当該地域にある場合、どうなるか考えてみましょう。

　新耐震基準（1981年6月1日以降に建築確認申請が行われた建物が該当）では、「中規模の地震（震度5強程度）に対しては、ほとんど損傷を生じず、極めてまれにしか発生しない大規模の地震（震度6強から震度7程度）に対しては、人命に危害を及ぼすような倒壊等の被害を生じないことを目標」としていますが、この考え方を踏まえると、震度6強の揺れがあった場合でも、倒壊する可能性は低く、従業員の命は守られるものの、その後、必ずしも継続して使用できるとは限らないことになります。

　また、新耐震基準のもとで建築された場合でも、時間が経過することによって劣化し、大きな揺れに耐えられないことも考えられます。

　なお、国や自治体の被害想定は、季節や時間帯別に作成されている場合があります。自社の被害想定を検討する際は、従業員が職場にいない夜間・休日に地震が発生する厳しい条件も含めておくとよいでしょう。

❷自社の被害想定はできるだけ具体的に示す

　企業の被害想定例を示すと**図表Ⅳ-7**のとおりです。これは、あくまで被害想定のイメージをつかんでいただくためのものですが、自社の被害を想定するときは、首都直下地震クラスの地震に見舞われた際に起こりうる被害をできるだけ具体的に想定してください。

　たとえば設備の項目であれば、執務スペース、会議室、応接室、書庫、給湯室、トイレ、休憩室などそれぞれの場所を実際に確認しながら、大きな揺れでどのようなことが起こるか、つまり弱点を見つけることが極めて重要です。

　なぜなら、この段階で揺れに脆弱なところが認識できていなければ、その点に関する対策を何も講じることができないまま、実際の地震に見舞われることになるからです。

図表Ⅳ-7　企業の被害想定例

従 業 員	●本館ロビーのシャンデリア落下により重傷者が２名発生 ●倒れた書棚の下敷きとなった１名が重傷 ●あわてて非常階段を下りようとして転倒し、１名が軽傷 ●従業員の参集割合は、６時間以内が約30％
本社ビル	●本館玄関フロアの壁に大きな亀裂はあるが、柱などは被害なし ●本館ロビーのシャンデリアが落下 ●本館の社員食堂で火災が発生するが、スプリンクラーで鎮火（ただし、スプリンクラーで放水された水が階下の天井に漏れている） ●別館は免震構造であり、建物に損傷はない
設 　 備	●エレベーターは、緊急停止装置が作動し停止 ●エレベーターのうち1基で従業員１名の閉じ込め発生 ●書庫の書棚が数本倒れる ●パソコンがかなりの台数、机から落下して破損
電 　 気	●電力停止（一部復旧まで1週間） ●非常用自家発電設備を稼働させる（運転可能時間は約30時間）
ガ 　 ス	●中圧導管による供給のため利用可能
上 水 道	●断水発生 ●当面、受水槽、蓄熱水槽からの給水で対応

　また、工場など製造現場の被害想定は、現場責任者とともに行うことが必須です。それは、一般的な事務所の被害想定と異なり、機械設備の詳細や、実際に現場でどのような業務が行われているかを知らなければ、製造現場で想定される被害を的確に指摘することがむずかしいからです。

❸被害想定を数字で示すことがむずかしい事項もある

　被害想定が具体的であればあるほど、それに合った対策を講じることが可能です。**図表Ⅳ-7**の「電気」の項目をみると、「非常用自家発電設備を稼働させる」とあり、備蓄してある燃料の量から、「運転可能時間は約30時間」としています。

　もし、この「約30時間」では短いと判断するのであれば、「燃料の備蓄量を増やし、運転可能時間を延ばす」あるいは、「非常用自家発電設備を使う電気器具の数を減らして、運転可能時間を延ばす」などの対策を検討することができます。

その一方、被害想定を具体的な数字で示すことが困難な場合もあります。
〔ライフラインの復旧見込み〕

図表IV-7では、「電力停止（一部復旧まで１週間）」としています。これは、過去の大地震の例から想定したものですが、実際に地震が発生した場合の復旧見込みは、そのときの状況次第で大きく変わるものであるとともに、企業側でコントロールできるものでもありません。

ライフラインの復旧見込みを想定するときに重要なことは、１週間後なのか、２週間後なのかという点にこだわることではなく、自社でライフラインが長期間停止した場合の課題を明確にし、その対策を検討することです。

〔従業員の参集割合〕

図表IV-7では、「従業員の参集割合は、６時間以内が約30％」としていますが、これも次のような理由から、実際には想定した参集割合が確保できない場合があります。

◆従業員が、ケガをするなどして参集できない
◆家族が入院し、その対応のために参集できない
◆自宅が半壊し、その対応のために参集できない
◆職場までの通勤経路の安全が確保できないため参集できない　など

しかし、このような場合でも、「何が起こるかわからないから、参集割合は想定しない」と考えるのではなく、たとえば、「従業員の参集割合は６時間以内が約30％」と仮置きしておきましょう。そして被災時には、適時に参集可能人数を集計し、集まる従業員を優先する業務に割り振り、事業を継続することが現実的な対応です。

3. 中核事業の選定

⑴ 事業インパクト分析（BIA：Business Impact Analysis）とは

大地震や水害、そして感染症など不測の事態が発生し、自社の経営資源の多くが欠けたり、足りなくなったりした場合、平常時に行っている業務をそ

のまま継続することはできません。そこで、自社の事業の中から、そのような危機的な状況でも継続するべき中核事業を選定し、そこに被災後の限られた経営資源を投入することで、当該中核事業を継続していくことが可能となります。

　中核事業の選定にあたっては、まず事業インパクト分析を行い、自社が行うそれぞれの事業が中断した際の影響がどの程度のものかを明らかにします。そして、その結果を踏まえて、優先的に経営資源を投入して早期に復旧・継続するべき業務を決めます。

(2) 事業インパクト分析の手順

　事業インパクト分析は、事業が中断した場合の影響を評価する手順ですが、次のような点を考慮します。

◆売り上げや利益はどうなるか（全社の売り上げ・利益に占める割合）

◆顧客との関係はどうなるか（事業が再開できない場合、その顧客を維持できるか）

◆同業他社との競合はどうなるか（事業が再開できない場合、市場を失わないか）

◆社会の要請に対応できるか（事業に対する社会のニーズは高いか）　など

　あわせて、法律や契約に違反することはないか、雇用は維持できるか、また資金繰りは大丈夫かなどの要素も勘案することが求められます。

　これらの要素を勘案しつつ、復旧を優先させるべき中核事業はどれか、またその場合の最大許容停止時間^{*4}および目標復旧時間を見極めます。

　この事業インパクト分析を行うときの作業イメージを示したものが**図表Ⅳ-8**です。

　この企業では、自動車販売事業から関連するさまざまな事業を展開している想定ですが、それぞれの事業がどのような位置にあるか、この表を使って確認します。

　それぞれの項目について点数化することで、復旧の優先順位をつけ、継続、

図表IV-8　事業インパクト分析イメージ（例）

	売り上げに占める割合	利益に占める割合	顧客との関係	同業他社との関係	社会の要請度	復旧の優先順位	最大許容停止時間	目標復旧時間
新車販売部門								
レンタカー部門								
自動車整備部門								
駐車場部門								
倉庫業部門								
損害保険代理業								

そして早期復旧を必要とする中核事業を選びます。あわせて、当該事業をいつまでに復旧させるかの目標復旧時間を決めますが、この目標復旧時間は、当然のことながら、最大許容停止時間より短く設定します。

　図表IV-8では、複数の事業部門をもつ企業を例にとっていますが、中小企業などで、一つの事業が売り上げのほとんどを占めるような場合は、選択の余地はなく、その事業が中核事業となります。

　また、事業インパクト分析にあまり時間をかけすぎると、その間に内部および外部の事業環境が変わり、分析作業自体が意味をもたなくなることもありえますから、経営トップの見切りも必要です。

4. 重要業務の把握（洗い出し）

　事業インパクト分析という手順を経て選ばれた中核事業については、被災時にも、経営資源を投入し、継続・早期復旧をめざすことになります。しかし、中核事業そのものは、複数の重要業務によって構成されるものですから、それらを洗い出しておくことが必要です。

平常時であれば、この重要業務はそれぞれの担当者が分担して行っていますから問題ありませんが、被災時には、複数の担当者が欠ける可能性があります。そこで、重要業務を洗い出すことによって、業務そのものが円滑に進む体制を整えることができます。

　重要業務を把握するまでの流れを、特定の製品の製造を中核事業と決めた企業の例で説明します。

　当該製品の製造が中核事業と決まったとしても、「ただ製造しよう」という意気込みだけでは事業は継続できません。まず、その事業を遂行するにあたり必要不可欠な個々の重要業務に分け、洗い出すことで中核事業全体を理解します。

　この特定の製品を製造するという中核事業の場合、まずその製品について営業活動を行い、見積書を出し、受注することから始まります。受注後は社内で製品の詳細を設計し、さらに顧客とすり合わせをするなどの業務、そして設計図の作成とその出力業務が続きます。

　実際にはその後、出力された設計図に基づいて製品をつくり、それを出荷するところまで重要業務は続きますが、ここでは、前段の製品の営業活動から設計図の出力までの重要業務を見える化してみましょう（**図表Ⅳ-9**）。

❶重要業務が中断した際の影響を認識する

　重要業務の一つひとつは、中核事業を構成する大切な手順ですから、ここで抜けや漏れがあると、実際の被災時に中核事業が継続できなくなります。

　この重要業務のリストアップ作業は必ず、それぞれの現場で実務を理解している担当者とともに行い、漏れがないようにします。そのうえで、重要業務が中断したときの影響、つまりどのような状況に陥るかを認識しておきます。

❷重要業務が中断した場合の代替手段を検討する

　重要業務が中断した場合は、何らかの形で中核事業を継続するために、代替手段を検討しておくことが求められます。

　たとえば**図表Ⅳ-9**では、社内で詳細検討を行っている従業員が欠けたことによって「仕様詳細検討（社内）」が中断した場合の代替策として、「社内代

図表IV-9　重要業務の把握（洗い出しイメージ）

業務名	中断の影響	中断した場合の代替手段
営業活動（顧客訪問）	受注活動停滞	メール・電話・FAX等で対応
見積書作成	受注活動停滞	過去のデータから原価計算を行い概算見積書作成
受注登録	制作指示停止	紙・エクセルで対応
仕様詳細検討（社内）	詳細設計の遅延	社内代替要員で検討
仕様詳細検討（顧客）	仕様が決まらない	メール・電話・FAX等で対応
外注先との打ち合わせ	詳細設計の遅延	社内代替要員で対応
作図	設計業務の遅延	外注事業者に発注
出図	設計図の出力不可	外注事業者に出力依頼

替要員で検討」という手順が記載されています。しかし、この代替策を実現するためには、仕様詳細を検討できる従業員がほかにいること、つまり社内で育成できていることが必須です。

　また、「作図」が中断した場合の代替策として、「外注事業者に発注」とあります。これも、被災してから急に外注事業者を探していたのでは間に合いませんから、平常時から、外注事業者となるべき事業者と連携しておくことが求められます。

　事業インパクト分析は、「事業の中断による、業務上や財務上の影響を確認するプロセスのこと」と説明しましたが、重要業務の把握は、まさに中核事業の遂行手順を明らかにし、それをどのように継続していくかを見極める作業ですから、事業インパクト分析の一部をなすといえます。

5. BCPに代替戦略を落とし込む

　これまで説明したとおり、BCPは自然災害などの危機的事象によって欠けたり、足りなくなった経営資源を補って、重要業務を継続、または早期復旧するためのものです。そこで検討すべき戦略や対策は、不足する経営資源をどのように補うかという代替戦略が基本であり、最終的には、それらの代替

戦略をBCPに落とし込んでいきます。

　ここでは、主要な経営資源について、その代替戦略を考えます。

(1) 建物（自社拠点）の代替

　建物が被害に見舞われた場合、それをどのように代替するかは、被害の状況に応じて対応せざるをえません。

❶建物の被害が軽微である場合

　建物の耐震性が確保されており、多少の損傷などがあるものの被害が軽微である場合は、その建物での早期復旧をめざします。ただ、その後の余震に耐えられるかどうかの問題がありますから、自治体とも連携し、応急危険度判定によって最終的な判断を行うことが求められます。

❷建物の被害が甚大である場合

　首都直下地震クラスの大きな地震が発生し、その揺れで建物の被害が甚大な場合は、代替拠点を機能させる形が考えられます。

　たとえば自社の東京工場の被害が大きく、復旧には長い時間を要すると考えられる場合は、自社の東京から離れた地域にある工場を代替拠点として活用する、あるいは、OEMの形で他社に委託する方法などが該当します。この場合、OEM委託を行う他社工場についても、東京と同時被災の可能性がない地域を選んでおくことが重要です。

　ただ、自社には東京工場以外に製造拠点がない、あるいはさまざまな事情からOEMでの生産が困難などの場合は、自社工場を復旧させる道しかありません。このような状況が想定されるのであれば、特に耐震改修工事など、防災面の取り組みを強化することで、自社拠点の被害を最小化することに注力します。

　また、自社の他の工場を代替拠点とする場合は、次の点も準備しておくことが求められます。

◆代替拠点には、シフトする製造業務を行える従業員がいるか、またいない場合は、どこから異動させるか、そしてだれが異動するか

◆代替拠点での製造のために従業員を異動させる場合に宿泊等の手配はどうするか

◆シフトする製造業務に必要な機械類は準備できるか、またそれがない場合はどう対応するか

　前述の製造業の場合は、代替拠点で要員が足りなければ、従業員を実際に異動させる必要がありますが、事務系の業務の代替拠点であれば、テレワーク等による対応も可能となります。ただ、テレワークの活用は、被災してすぐに実行することはむずかしく、パソコンの配備などのハード面、そして勤怠管理などソフト面の事前準備が必要です。

(2) 従業員の代替

　従業員の代替について検討する際、次の二点を認識しておくことが重要です。

◆被災時の業務は、そのときに参集できた従業員で行うしかない

◆足りなくなった要員の業務を補うことは、だれでもできるとは限らない

　被災時には、従業員本人は無事でも、家族のケガで参集できない、あるいは通勤経路の安全が確保できず参集できないなどの状況が考えられ、参集率が想定より下がることがありえます。従業員を守るためにさまざまな対策を講じていても、実際、災害に見舞われた場合は、その後、職場に参集できる従業員で事業を継続するしかありません。

　また、参集した従業員は、重要業務の中で要員が不足するところに配置することになりますが、その欠けた要員をだれでも補えるとは限りません。それは、その重要業務を進めるにあたっての技術やノウハウがなければ務まらないからです。

　図表IV-10は、総務チームの役割分担と、それぞれの担当者の業務レベルを見える化した例です。もし、Cさんが災害の被害に見舞われる、あるいは感染症に罹患して職場に参集できない場合、どうなるでしょうか。

　すべての業務に自分が対応でき、さらに一部の業務については指導もでき

図表Ⅳ-10　業務の見える化

総務部	従業員	業務プロセス					
		取締役会事務局	契約書管理	施設管理	機器・備品管理	広報誌発行	社内行事運営
総務チーム	A さん	△	△	△			
	B さん	○			△	○	○
	C さん	◎	◎	○	◎	◎	○
	D さん	○	◎	◎	△		

【凡例】◎当該業務を指導できるレベル　○当該業務ができる　△指導を受ければ当該業務ができる

るCさんが不在になると、チーム全体の戦力が大幅にダウンします。それは、要員数が減ることに加えて、残された従業員が必ずしもCさんの代替要員とはならないからです。

　従業員の代替可能性の向上は、従業員自身の努力だけでは実現できません。一つの業務を複数の従業員が対応できるよう、企業として教育体制を整えることが求められます。教育によってそれぞれの従業員の業務能力がすぐに向上するものではありませんから、中長期的な取り組みとなります。

　また、「あの人だからこの業務ができる」という属人的な業務をなくし、業務そのものを標準化して、マニュアルに落とし込むことで、要員の代替可能性を向上させることも重要です。

(3) サプライチェーンの代替

　自社のBCPは、自社のことだけを考えていたのでは完結しません。製造業であれば、自社の従業員、建物・設備の被害が少なく、機械類が稼働できる状態にあっても、生産に必要な原材料や部品、あるいは出荷に必要な資材が調達できなければ、事業として継続できることになりません。

　特定の原材料や資材が調達先の被災により入ってこない事態に備えて、調達先をリスト化するとともに、調達先の複数化も検討するとよいでしょう。

　図表Ⅳ-11は、製造業における調達先の見える化をまとめたものです。この表に基づいて、調達先が被災し、自社に調達品目が入ってこないときにど

図表Ⅳ-11　調達先の見える化

調達品目	調達先事業者					代替事業者候補
	会社名	電話番号	部門	担当者	発注番号	
樹脂部品	○○樹脂㈱	xxxx-xxxx	営業第一課	Aさん	A-999	××樹脂㈱
アルミブロック	△△アルミ㈱	xxxx-xxxx	機械第一部	Bさん	B-888	検討中
切削油	㈱○○オイル	xxxx-xxxx	営業第一部	Cさん	C-777	××機械㈱
梱包材・テープ	㈱△△商事	xxxx-xxxx	資材第一課	Dさん	D-666	㈱××商事

注：調達先事業者の連絡先は、必要に応じて、担当者の携帯電話番号、メールアドレスなどを記載
　　するとよい

う対応するかの検討を進めます。

❶在庫を積み増しする

　調達先が被災したときなどの緊急事態に備えて、調達している原材料や部品の在庫を積み増しするという代替策が考えられます。

　しかし、平常時は在庫をもたず、少ない経営資源で効率を上げる方式で競争力を確保していたわけですから、調達先の被災に備えて在庫を積み増しすることによって、競争力が下がる可能性があります。また、在庫を保管するスペースが必要になるなどの問題も起こります。

❷調達先を複数化する

　在庫を積み増しせず、調達先の被災に備える代替策として、調達先を複数化することが考えられます。

　図表Ⅳ-11では、「樹脂部品」「切削油」、そして「梱包材・テープ」の代替事業者候補が決まっており、「アルミブロック」も代替事業者の起用を検討しています。

　平常時に調達先を一本化していることで、調達コストが下がっていると考えられますが、もし、調達先が被災すれば、そこからの入荷が止まり、自社の事業継続に支障が出ます。その一方、調達先を複数化すると一社当たりの調達量は減りますから、調達コストが上がる可能性が出てきますが、もし調達先の一つが被災した場合でも、もう一社から必要な原材料や部品が入ってくることで、自社の事業継続は可能となります。

　つまり、平常時に調達先を一本化することと、複数化することは、ある意

味、トレードオフの関係にありますから、どちらかが正解ということにはなりません。

一社調達であれば、調達コストのメリットと、調達先が被災した際のデメリットを踏まえて、最終的には経営判断することになります。

なお、被災時に自社の調達担当者が、必ず職場に参集できるとは限りません。何を、どこから調達しているのか、またその連絡先はだれかなど、調達先の見える化を行い、従業員で共有しておくことはいうまでもありません。

このような過程を経て、BCPを策定します。**図表Ⅳ-12**は事業継続計画の一例です。

（注）
1. 事業インパクト分析：事業の中断による、業務上や財務上の影響を確認するプロセスのこと。重要な事業・業務・プロセスおよびそれに関連する経営資源を特定し、事業継続に及ぼす経営等への影響を時系列に分析を行う。
2. 目標復旧時間：Recovery Time Objective（RTO）。重要業務をどれくらいの時間で復旧させるかを示したもの。
3. 警戒レベル3：「避難情報に関するガイドライン」（令和3年5月、内閣府（防災担当））における「警戒レベル3」であり、「高齢者等避難」の段階。
4. 最大許容停止時間：事業の停止（相当程度の低下）が許されると考えられる時間の許容限界。

図表Ⅳ-12　事業継続計画（例）

○○株式会社

事業継続計画（例）

第1版　　○○○○年○月○○日

【「○○株式会社　事業継続計画（例）」の使い方】

「○○株式会社　事業継続計画（例）」は、「Ⅳ章　策定の基本手順」を踏まえ、実際にBCPを策定するにあたり、BCPの全体像を理解するために示したものです。

また、BCPにおける代替戦略の内容などは、本文に従い地震を想定したものとしています。

それぞれの企業において、その事業内容、拠点・従業員の数などが異なりますから、自社の状況に合わせて適切なBCPを策定してください。

Ⅰ　総論

1．目的　（企業としてのBCPの目的を記載する）

　○○株式会社（以下、「当社」）が、自然災害の発生、感染症の流行など不測の事態に見舞われ、甚大な損害を被った場合、ステークホルダーに多大な影響を及ぼすことになる。

　このような事態を回避するために、事業継続計画（以下、「BCP」）を策定する。

　当社のBCPの目的は次のとおりである。

1.従業員やその家族の命を守り、当社の建物・設備などの資産を守る

　不測の事態が発生した際は、すべての従業員および家族の生命・身体の安全を最優先する。あわせて、事業継続に必須となる当社資産を守る。

2.当社の事業を継続する

　当社の事業を、協力会社などと連携して継続する。

3.ステークホルダーとの連携や地域社会への貢献

　関連会社やグループ会社などステークホルダーの事業継続にも連携して取り組むとともに、地域社会への貢献もめざす。

2．推進体制

　【当社のBCP推進体制】

　（図表Ⅳ-3を参考に、自社の推進体制を記載する）

3．リスクの把握

（1）ハザードマップの確認

　（自社が所在する地域のハザードマップを、自治体のホームページなどで入手し、自社の自然災害リスクなどを確認する。この欄に、該当するハザードマップを掲載するが、その数が多い場合は、巻末などにまとめて添付する）

(2) 被害想定
　①地域の被害想定
　　（自社が所在する地域で想定されている災害等について、国や自治体が公表する被害想定を整理して記載する。ここでは、「首都直下地震の被害想定」を例として、図表Ⅰ−1を参考に記載する）
　【当社が所在する地域の被害想定】「首都直下地震の被害想定」（都心南部直下地震）
　1.地震の揺れによる被害

揺れによる全壊家屋	約175,000棟
建物倒壊による死者	最大　約11,000人
揺れによる建物被害に伴う要救助者	最大　約72,000人

　2.市街地火災の多発と延焼

| 焼失 | 最大　約412,000棟
建物倒壊等と合わせ最大　約610,000棟 |
| 死者 | 最大　約16,000人
建物倒壊等と合わせ最大　約23,000人 |

　3.インフラ・ライフライン等の被害と様相

電力	発災直後は約5割の地域で停電。 1週間以上、不安定な状況が続く。
通信	固定電話・携帯電話とも輻輳のため、9割の通話規制が1日以上継続。 メールは遅配が生じる可能性。
上下水道	都区部で約5割が断水。約1割で下水道の使用ができない。
交通	地下鉄は1週間、私鉄・在来線は1か月程度、開通までに時間を要する可能性。 主要路線の道路啓開には、少なくとも1〜2日を要し、その後、緊急交通路として使用。 都区部の一般道は瓦礫による狭小、放置車両等の発生で深刻な交通マヒが発生。
港湾	非耐震岸壁では、多くの施設で機能が確保できなくなり、復旧に数か月を要する。
燃料	油槽所・製油所において備蓄はあるものの、タンクローリーの不足、深刻な交通渋滞により、非常用発電用の重油を含め、軽油、ガソリン等の消費者への供給が困難となる。

　4.経済的被害

建物等の直接被害	約47兆円
生産・サービス低下の被害	約48兆円
合計	約95兆円

　　注：「首都直下地震の被害想定と対策について（最終報告）」（中央防災会議　首都直下地震対策検討ワーキンググループ、平成25年12月）をもとに作成
　②当社の被害想定
　　（国や自治体が示す被害想定に基づいて、自社の従業員、建物・設備、ライフラインへの被害想定を、図表Ⅳ−7を参考に記載する）

	当社の被害想定
従業員	* 本館ロビーのシャンデリア落下により重傷者が2名発生 * 倒れた書棚の下敷きとなった1名が重傷 * あわてて非常階段を下りようとして転倒し、1名が軽傷 * 従業員の参集割合は、6時間以内が約30%
本社ビル	* 本館玄関フロアの壁に大きな亀裂はあるが、柱などは被害なし * 本館ロビーのシャンデリアが落下 * 本館の社員食堂で火災が発生するが、スプリンクラーで鎮火（ただし、スプリンクラーで放水された水が階下の天井に漏れている） * 別館は免震構造であり、建物に損傷はない
設 備	* エレベーターは、緊急停止装置が作動し停止 * エレベーターのうち1基で従業員1名の閉じ込め発生 * 書庫の書棚が数本倒れる * パソコンがかなりの台数、机から落下して破損
電 気	* 電力停止（一部復旧まで1週間） * 非常用自家発電設備を稼働させる（運転可能時間は約30時間）
ガ ス	* 中圧導管による供給のため利用可能
上水道	* 断水発生 * 当面、受水槽、蓄熱水槽からの給水で対応

4. 中核事業の選定

（事業インパクト分析（図表Ⅳ-8）に基づいて、危機的事象が発生した状況でも継続するべき中核事業を選定する。あわせて、当該事業をいつまでに復旧させるのかの目標復旧時間を決めておく。中核事業の数は企業によって異なる。中小企業などで一つの事業の売り上げがほとんどを占める場合は、選択の余地はなく、その事業が中核事業となる）

【優先する中核事業】

(1) ○○部門　　　　　　　　（目標復旧時間：3日間）

(2) ○○部門　　　　　　　　（目標復旧時間：7日間）

(3) ○○部門　　　　　　　　（目標復旧時間：10日間）

【当面縮小・休止する事業】

(1)

(2)

(3)

5. 重要業務の把握（洗い出し）

（中核事業を遂行するにあたり必要不可欠な重要業務を把握し、その重要業務が中断した際の代替手段を検討する。重要業務の洗い出しのイメージは、（図表Ⅳ-9）を参考に行う）

【優先する中核事業：○○部門】

重要業務	中断の影響	中断した場合の代替手段
設計図の作図	設計業務の遅延	外注事業者に発注

Ⅱ　代替戦略への落とし込み　～平常時の対応～

1．建物（自社拠点）の代替

　（1）　建物の被害が軽微である場合

　　（建物の耐震性が確保されており、被害が軽微である場合は、その建物での早期復旧をめざすことになる）

　（2）　建物の被害が甚大である場合

　　①代替拠点を設置できる場合　　**（代替となる拠点を記載する）**

　　　当社○○事業所

　　②代替拠点を設置できない場合　　**（建物・設備の防災面での対策を強化する）**

建物・設備	対応内容	備考
本社ビル	鋼管ブレースによる耐震補強	旧耐震基準の建物
別館	耐震診断実施予定	新耐震基準の建物
書庫の棚	据え付け固定式の棚に変更	
キャビネット	ボルトなどで固定	
窓ガラス	飛散防止フィルムを貼付	

2．従業員の代替

　（1）　従業員の安否確認および要員確認

　　（被災時の業務は、最終的に参集できた従業員で行うことになる。そこで、適時に安否確認および要員確認ができるシステムを、平常時に構築しておく必要があるため、当該システムの運用方法を記載する。図表Ⅴ-1および図表Ⅴ-2を参考にするとよい）

　（2）　業務の見える化と代替可能性向上

　　（業務の見える化を図表Ⅳ-10を参考にして行う。被災時の欠員を速やかに補えるよう、従業員相互の代替可能性を高めるための教育計画なども記載する）

3．サプライチェーンの代替

　（1）　調達先の見える化

　　（特定の原材料や資材が調達先の被災により入らない事態に備えて、図表Ⅳ-11を参考にして、調達先の見える化リストを記載する。被災時に調達担当者が不在となっても、調達先事業者の詳細および代替事業者候補が把握できるようにする）

調達品目	調達先事業者					代替事業者候補
	会社名	電話番号メールアドレス	部門	担当者	発注番号	
樹脂部品	○○樹脂㈱					××樹脂㈱
アルミブロック	△△アルミ㈱					検討中
切削油	㈱○○オイル					××機械㈱
梱包材・テープ	㈱△△商事					㈱××商事

(2) 在庫の積み増し

　（在庫の積み増しを行う調達品目、その量、および保管する場所などを記載する）

(3) 調達先の複数化

　（調達先の見える化リストに基づいて検討した結果、調達先を複数化する場合は、その詳細を記載する）

　（「在庫の積み増し」および「調達先の複数化」を行うと、価格競争力が下がる可能性もある。社内での議論を踏まえて経営判断を行うことが肝要であるとともに、その結果を記載する）

４．電力の代替

(1) 非常用自家発電設備を導入している場合

　①設置場所・稼働方法

　　（設置場所およびその稼働方法を記載し、被災時にはどの従業員でも使用できるようにする）

　②使用する機器類の優先順位

　　（非常用自家発電設備の稼働できる時間は、備蓄されている燃料の量次第である。被災時に使う必要がある機器類について、その優先順位を決め、それを記載する）

(2) 非常用自家発電設備を導入していない場合

　（非常用自家発電設備なしで使える、手動や乾電池式の代替品を準備するとともに、その備蓄場所および使用方法を記載する。電気自動車の電源、また自動車のバッテリーを活用するために、稼働可能時間を確認し、記載する）

５．ガスの代替

　（一般的なオフィスで、ガスを使用する場面は限定的であると考えられる。ただし、被災後に帰宅抑制を行い、従業員が企業内にとどまる場合に備え、次のような代替策を記載する）

ガスに求められる機能	代替策
暖房機能	湯たんぽ、使い捨てカイロ、アルミブランケット
調理機能	カセットコンロおよびボンベ （カセットコンロは火力が弱く、大量の調理には向かないため、それを勘案して備蓄食料で対応することが現実的である）
給湯機能	身体を清潔に保つための清拭用のウェットティッシュ

６．水の代替

(1) 飲料水

　（従業員数を踏まえ、「最低３日間、推奨１週間」の備蓄を行い、保管場所を記載する）

(2) 生活用水

　（水を使わない、あるいは節約する代替策を検討し、記載する。それらの代替策に必要な品物を備蓄することが肝要である）

生活用水に求められる機能	代替策
トイレ	簡易トイレおよびトイレットペーパー
食事	紙皿、紙コップを使っての食事 食品用ラップフィルムを使い、洗い物を減らす 缶詰などそのまま食べられる食品を備蓄する

Ⅲ　緊急時の対応　～初動から復旧・事業継続対応～

１．BCPの発動および停止　（BCPが発動する基準および停止する基準を決め、記載する）

【発動基準】

①自動発動

（次の発動基準例を参考に記載する）

BCPにおける脅威	発動基準
地震	本社所在地に震度5強以上の揺れが観測された場合
水害	本社が所在する地域に、「警戒レベル3」以上が発出された場合
感染症	国内発生早期（注1）となった場合
その他	その他の脅威により、「ライフラインや社会インフラ、あるいは建物・設備など当社資産が被害を受け、復旧の目途がつかない場合」、または「サプライチェーンにおける当社の主要依存関係企業が事業中断に陥った場合」

（注1）「国内発生早期」

国内のいずれかの都道府県で新型インフルエンザ等の患者が発生しているが、すべての患者の接触歴を疫学調査で追える状態（「新型インフルエンザ等対策政府行動計画」（内閣官房、平成29年9月12日変更））

②発動権限者による発動

（自動発動の基準を満たさない場合でも、「想定外の脅威が顕在化する予兆がある場合」などは、次の発動権限者によって、BCPの発動を可能とする）

1）対策本部長

2）対策副本部長

【停止基準】

①事業復旧による停止

BCP発動前の水準まで事業が復旧した場合、BCPは停止する。

②発動権限者による停止

「BCPの発動後、実際には脅威が顕在化しなかった場合」、あるいは「脅威が顕在化した場合でも、BCPの発動前の水準まで事業が復旧すると見込まれ、BCPによる対応が不要と判断される場合」には、発動権限者がBCPを停止することができる。

2．被災直後の行動基準

（大地震などに見舞われると、従業員、建物・設備、そしてライフラインのすべてに大きな被害が出るとともに、平常時であればその指示を仰ぐべき上司が不在となる可能性がある。危機的事象が発生した際にも、従業員一人ひとりが自ら動けるように行動基準をつくり、記載する）

災害発生時における、従業員の行動基準は次のとおりとする。

(1) 自分自身と家族の安全を最優先する（避難行動を含む）

(2) 二次災害への対応（初期消火、損壊した部分の保全措置など）

(3) 外部の被災情報等の収集と社内での情報共有

(4) 自社の状況に関する適切な情報発信

(5) 自宅で被災した場合は、自身と家族の安全を確保し、通勤経路の安全が確認できた段階で参集する

3．対応体制

（対応体制および各チームの役割を示す。各メンバーは代替者を含め記載する）

【各部門の役割とメンバー】

チーム	役割分担	リーダーおよびメンバー
総務部門	被害のあった建物・設備の補修・保全、防災備蓄、物資の調達、ライフラインの確保、物流機能の確保　など	(それぞれのチームごとに、リーダーとメンバーを記載する)
顧客対応部門	顧客からの照会対応、納品時期の調整、商品・サービスの提供継続　など	
人事部門	従業員の安否確認、負傷者への対応、被災後の要員配置、労務問題への対処　など	
システム部門	システム機能の確認と復旧、システム関連の事業継続　など	
広報対応部門	被災状況のとりまとめ、対外発信、IR、社内イントラネットの復旧　など	

4．対策本部設置場所

（対策本部を設置する場所を記載する（被災時の安全性を優先する））

第一候補	第二候補
2階　大会議室	3階　総務部横の多目的ホール

5．安否確認および要員確認

（1）安否確認

（災害発生時における従業員の安否確認方法を複数準備し（安否確認システム、携帯電話、携帯メール、PCメール、SNSなど）、それを記載する）

【安否確認方法】

（安否確認方法の手順をわかりやすく記載する）

（安否確認の結果は、図表V-1を参考にして記載する）

（2）要員確認

（被災後、どれくらいの時間で、何人程度が職場に戻るか確認し、それらの要員を重要業務の優先順位に従って配置する）

【要員確認方法】

（要員確認の結果は、図表V-2を参考にして記載する）

6．重要業務の継続

（II「代替戦略への落とし込み～平常時の対応～」を参考にして、欠けた経営資源、そして足りなくなった経営資源を補い、重要業務を継続する方法を記載する。被災後の時間の経過を踏まえて、代替戦略を落とし込むとわかりやすい）

7．復旧対応

（「被災状況確認シート」（図表V-4）を踏まえて、復旧対応を進める。想定される「被災状況」と「応急処置」については、検討しておくことが重要となる）

【被災状況確認シート】

フロア	場所など	被災状況	応急処置状況	追加対応

V章
実効性を高める

BCP の見直しとレベルアップ

1節

災害の教訓に学ぶ

1. BCPは、一度策定して終わりではない

　BCPは、一度策定して、それで終わりということではありません。もちろん、完成したBCPは、その段階では自社に適合したものですが、その後、自社の事業内容や組織体制などが変われば、それに合わせて改訂していくべきものです。

　たとえば、企業が成長していく中で、新しい事業部門が立ち上がる一方で、不採算事業を縮小するなどのリストラクチャリングが行われれば当然、中核事業の見直しや、それに伴って重要業務も再確認することが求められます。

　また、組織編制が変われば、BCPの推進体制も修正する必要があり、さらに新しい拠点ができれば、その建物にも備蓄を準備することになります。

　企業の成長とともにBCPも育てていくものと理解して定期的に点検し、見直すことが必須です。点検のタイミングは、年に一回以上と決めておきましょう。定期人事異動の時期、あるいは事業計画を策定する時期に連動させておくと、漏れがありません。

　また、これまでわれわれは数多くの自然災害や感染症の流行に見舞われており、そのたびに、「こうしておけばよかった」「この準備では十分ではなかった」などの教訓を得ています。それら教訓を踏まえた見直しは、常に求められます。

2. 安否確認システムは、それが稼働しなければ意味がない

　被災後の混乱している状況の中、安否確認担当者が従業員一人ひとりの安

否を電話や手作業で確認することは非常に困難です。自社で独自のシステムを構築する、外部事業者の提供するサービスを利用するなど、何らかの安否確認システムを導入し、自動集計することを検討するとよいでしょう。

ただ、安否確認システムは、導入するだけでは問題の解決になりません。実際に過去の災害事例では、登録方法に慣れていない従業員が多く、入力情報が集まらない、アクセスが短時間に集中して安否確認システム自体が途中で機能しなくなった、電話での確認を想定している場合は電話がつながらない、などの事例がみられます。

まず、安否確認システムそのものが円滑に稼働すること、そしてすべての従業員が安否確認システムに登録できること、さらに安否確認担当者は集計作業に習熟していることが求められます。そのためには、定期的に訓練を行うことが大切です。

訓練を繰り返す中で、安否確認システムがうまく動かないことがあれば、事業者に原因調査を依頼し、必要に応じてプログラムを修正してもらいます。

中小企業などでは、従業員の安否確認をメール・電話を使って実施するところもあると思います。その場合、安否確認担当者は、従業員のメールアドレスなどの連絡先情報を常に使えるようにしておくことが必要です。それは、地震などの大きな災害では、発災と同時に停電することがあり、そうすると非常用自家発電設備がない場合、安否確認をしようと考えた時点で、パソコンに保存してある緊急連絡網にアクセスできないことが起こりうるからです。

もちろん、従業員の連絡先情報は個人情報ですから、その取り扱いには十分注意しましょう。

3. 安否確認と要員確認は違う

(1) 安否確認にどこまで時間をかけるか

被災時に行う従業員の安否確認作業は非常に重要です。従業員の安否を確認して、もしケガをしているなどの状況があれば、適切なフォローアップが

でき、使用者として安全配慮義務を尽くすことができます。

❶災害の状況次第では、安否確認を行えない状況も起こりうる

　これまでの災害においても、安否確認を行う対策本部の担当者は、安否確認システムに入力（アクセス）していない従業員に連絡をとり、無事であるかどうかの確認作業を長時間かけて行っていました。

　一方、現在その発生が懸念されている首都直下地震では、建物倒壊と火災による死者数は最大で約23,000人と想定され、また南海トラフ巨大地震においては、最大で約231,000人の死者数が想定されています。このような人的被害が極めて甚大な状況にあり、また通信環境も不安定であり、さらには自社の拠点では優先して対応するべきことが山積する中で、安否確認システムの担当者は、未入力者（安否が確認できない者）に対して、連絡をとり続けることを求められるのでしょうか。

　従業員本人がケガをして入力できない、あるいは家族が負傷しているため入力する余裕がない、また通信環境が悪く安否システムにつながらないなど、従業員が未入力であることにはさまざまな理由があります。

　ここは、経営者、管理職、そして一般の従業員も「安否確認を行えない状況が起こりうる」とお互いに認識する必要があると考えます。

❷企業としての行動指針を共有する

　もちろん、安否確認システムに入力していない従業員をそのままにしておいてよいということではありません。次のような企業としての行動指針を決めておき、それに従うことをルール化しておくことをおすすめします。

◆災害に見舞われた際は、自分と家族の安全確保を最優先する

◆自分の状況が落ち着き、通信環境が整った段階で、速やかに安否確認入力を行う

◆職場への参集を求められている場合は、通勤経路の安全が確認できた段階で参集する　など

　安否状況の集約などの業務は、システムにある程度任せて、対策本部は、自社拠点内の負傷者対応や帰宅困難者対応など、対策本部としての優先業務

に注力することが求められます。

⑵ 要員確認は、BCPの観点から重要

　安否確認の結果、無事であることが確認されたすべての従業員が職場に参集できるとは限りません。本人は無事でも家族が負傷している、家族も無事だが通勤経路の安全が確保されていないなどの事情があるからです。

　図表Ⅴ-1は「安否確認集計表」、**図表Ⅴ-2**は「要員確認集計表」です。安否確認集計表は、従業員が無事であるか、ケガなどしていないかを確認するものです。たとえば「軽傷」「重傷」「その他」という状況が登録されていれば、すでに説明したとおり、企業として適切な支援を行います。そして、首都直下地震クラスの地震の場合における「無回答」のケースについては、さまざまな理由から入力できないものと判断し様子をみることになります。

　要員確認集計表は今後、どれくらいの時間で、何人程度が職場に戻るかを確認し、それらの要員を重要業務の優先順位に従って配置していきます。

4.従業員がケガをすることを想定する

　建物の耐震化やキャビネット・書棚の固定など、必要な災害対策を講じていても、従業員がケガをする可能性は排除できません。実際に負傷者が発生してから、あわてることがないように準備しておく必要があります。

　大規模災害の発生時、一般道は建物倒壊による瓦礫などで、通行できない

図表Ⅴ-1　安否確認

安否確認集計表｜本部ビル（営業部門）						
部	無事	軽傷	重傷	その他	無回答	合計
1部	8	1	1	0	0	10
2部	23	2	0	0	2	27
3部	7	1	0	0	1	9
4部	5	2	0	1	1	9
業務部	4	2	1	0	1	8
合計	47	8	2	1	5	63

図表Ⅴ-2　要員確認

要員確認集計表｜本部ビル（営業部門）								
部	勤務中	1時間以内	3時間以内	6時間以内	6時間超	出勤不可	無回答	合計
1部	5	0	0	3	0	2	0	10
2部	12	0	0	5	4	4	2	27
3部	2	1	1	0	1	3	1	9
4部	4	0	0	1	0	3	1	9
業務部	3	0	0	0	0	4	1	8
合計	26	1	1	9	5	16	5	63

区間が多数発生することから救急車などの到着までに時間がかかる、あるいはこないということが起こりえます。

　企業内に診療所があり、医師・看護師がいる場合は、ケガ人の対応を任せることになりますが、診療所などが設置されていなければ、社内で負傷者に対応できるような救護体制を整えておくことも検討します。

　もちろん、一般の従業員が対応できるのは医療機関に搬送されるまで、あるいは救急車が到着するまでに行う一次救命処置です。具体的には、心肺蘇生、AEDの取り扱い、異物除去、止血法などがあげられますが、これらを実践するためには、消防署などで開催される講習を受講する必要があります。

5. 企業内診療所の地震対策も徹底する

　オフィスの中は地震対策が講じられていても、診療所の対策が手薄になっていたというケースがみられます。せっかく企業内に診療所が設置されているにもかかわらず、被害が大きく十分な機能が果たせないということがないよう、診療所の地震対策にも抜け漏れがないことを確認します。

　診療所の対策としては、次の点を確認しておきます。

◆医療機器・什器備品は転倒防止対策を講じる

◆薬品棚は、床や壁面に固定して転倒防止対策を講じる

◆散剤を入れる容器は落下した場合に備え、プラスティック製容器の使用を優先する

◆ガラス棚は、ガラス飛散防止フィルムを貼る

◆モニター類は、落下防止対策として粘着マットで固定する

6. 複合災害への対応の観点から見直す

　新型コロナウイルス感染症の流行が長期化する中で今後、地震や水害などの自然災害が起こると、それは必ず複合災害となります。そのため、すでに

策定した自社のBCPが複合災害にも対応できるものになっているかの観点から見直すことが重要です。

⑴ 災害発生時の役割分担が機能しないことがありうる

感染防止対策として、在宅勤務などのテレワークを導入する企業が増えています。在宅勤務を導入することで出社人数を抑制している場合、テレワークの導入以前に策定したBCPの緊急時の体制が機能しないことが考えられます。

初動対応で、救護活動や初期消火などの役割を割り振っていても、それぞれを担当する従業員が出社していなければ、その役割を果たすことはできません。

テレワークを導入している企業は、被災時にも全員が揃わない前提で、そのとき職場にいる従業員で初動対応を乗り切る体制を組みましょう。

⑵ ノウハウを有する従業員が不在であることを想定しておく

テレワーク体制のもと、被災時に全員が揃わなければ、被災後の行動に必要なノウハウや情報をもっている従業員が不在であることも考えられます。

たとえば日常業務については、お互いがカバーできる体制になっていても、衛星携帯電話（災害時の非常用通信手段として導入が進んでいる）や非常用自家発電設備の使い方など緊急時にこそ必要なノウハウはなかなか共有されていません。これらの機器類の使用方法なども、平常時から複数の従業員が使えるよう、ノウハウを共有しておきましょう。

また、緊急時に連絡するべき関係機関、たとえば行政機関や医療機関、また調達先・納品先の窓口についての連絡先も一覧表にして、複数の従業員がアクセスできることが必要です。緊急時に限って、担当する従業員がいない、ということは起こりがちですから注意します。

⑶ 帰宅困難者対策は、感染症の流行を前提に見直す

大規模地震が発生した際、企業は従業員の帰宅を抑制し、安全に帰宅する

ことが確認できるまで、社内に待機させることが求められます。これは、地震発生後の混乱の中を帰宅することには大きな危険が伴うこと、また、多くの帰宅困難者が徒歩で一斉帰宅すると、救命・救助活動、消火活動、そして緊急輸送活動に支障があるからです。

　東京都をはじめ大都市の自治体を中心に、帰宅困難者対策条例[*1]が定められています（**図表V-3**）。地震後、周辺の状況が落ち着くまでの間、従業員は社内にとどまることになりますが、新型コロナウイルス感染症の流行が続くことを前提に考えると、BCPにおける帰宅抑制についても見直しが必要です。

❶従業員の宿泊では「３密」を回避する

　従業員が社内で宿泊する場合、いわゆる「３密」（「換気の悪い密閉空間」「多数が集まる密集場所」「間近で会話や発声をする密接場面」）が起こりやすい環境が生じます。多くの企業では、宿泊場所として会議室などの広いスペースを使うことを想定していますが、新型コロナウイルス感染症の流行を考慮すると、「密集場所」とならないよう、それぞれの従業員に対してより広い空間を提供することを検討しましょう。

　また、寝具を共有することは感染防止対策の観点から望ましくありませんので、毛布などはそれぞれに配布することを検討します。

図表V-3　事業者の取り組み

【従業員の一斉帰宅の抑制】
●施設の安全を確認したうえで、従業員を事業所内にとどまらせる
●必要な3日分の水・食料の備蓄に努める
【従業員との連絡手段の確保など事前準備】
●あらかじめ従業員との連絡手段を確保する
●従業員に対して、家族等との連絡手段を複数確保することを周知
　（災害用伝言ダイヤル171、携帯電話災害用伝言板サービス、SNS）
【駅などにおける利用者の保護】
●鉄道事業者や集客施設の管理者等は、駅や集客施設での待機や安全な場所への誘導等、
　利用者の保護に努める
3日分の備蓄の量の目安：水（1人あたり1日3リットル、計9リットル）、主食（1人あたり1日３食、計9食）、毛布（1人あたり1枚）

（首都直下地震帰宅困難者等対策協議会中間報告より抜粋）

出所：東京都帰宅困難者対策条例（2013年4月施行）

ただし、感染症の流行後、すでにテレワーク体制を導入したことによって、平常時の出勤者数が減っている場合は、その前提で就寝時のスペース配分を決めるとよいでしょう。

❷感染防止対策に必要な物資は備蓄を確認する

　自然災害を対象とした防災備蓄では、アルコール消毒薬など感染防止対策に必要な物資は必ずしも重視されているとはいえません。しかし、感染症が流行する中で発生した自然災害の場合、断水で頻回な手洗いがむずかしくなりますから、アルコール消毒薬などの備蓄量を増やすことが必要です。

　マスクについても平常時に必要量を再確認して調達を進めます。被災時に数が足りなくなっても、すぐに調達することはできません。

7. 最終的な帰宅判断は従業員本人が行う

　企業は大規模地震発生後、従業員の帰宅を抑制し、安全に帰宅が確認できるまで社内に待機させることを求められています。従業員の帰宅を抑制する理由は、すでに説明したとおり、地震発生直後の混乱の中を帰宅することには大きな危険が伴うからです。しかし一方で、従業員が「家族の安否が確認できないので帰宅したい」と申し出るケースが考えられます。

　そこで、地震に見舞われた際、従業員が速やかに家族の無事を確認でき、「状況が落ち着くまで、会社にとどまろう」という判断ができるように、災害用伝言ダイヤルなど家族との連絡手段を複数確保することを啓発しておくことが肝要です。

　あわせて企業は、被災時において、自社拠点の周囲の状況、交通機関の運行状況、そして通勤経路の安全性などさまざまな情報を的確に入手します。そのうえで、企業は従業員の安全確保の観点からも、それらの情報を従業員に対して丁寧に説明し、安全が確認できるまで帰宅を抑制します。

　それでも従業員が帰宅したいと申し出た場合、最終的な帰宅判断は、あくまで本人が行うものであると、ルール化しておきましょう。

社内教育実施

　企業におけるBCPは、災害発生時や感染症の流行時に不足したり欠けたりする経営資源、たとえば従業員や建物・設備、そしてライフラインをどのように補い、中核事業を継続していくかを説明した計画です。

　このBCPは実際には、紙や電子データの形に落とし込まれていますが、BCPが存在することと、それが的確に運用できることは、同じではありません。BCPを実効性の高いものにするためには、経営者はもちろん、すべての従業員がBCPの内容を理解し、その重要性を認識していることが必須です。

　しかし実際には、BCPは所管する部門内だけで共有され、その他の従業員の認識が低いままという状況もみられます。BCPを社内のイントラネットに掲載したり、また紙ベースのBCPを配布したりするだけでは、すべての従業員がその内容を理解して、実践できるということにはなりません。

　企業のBCPが社内に根づき、当該企業の文化や風土として当たり前のように定着させるためには、すべての従業員がBCPの必要性を認識し、その内容を十分に理解していることが必須であり、そのためには継続的な取り組みが求められます。

　たとえば災害が発生し、また感染症が流行した際、実際にBCPに定められた内容を実践するのは一人ひとりの従業員ですから、次のような内容を研修会や勉強会の形で従業員に伝達し共有しておくことが必要です。

◆BCPの概念や必要性

◆想定される危機的事象などの基礎知識

◆自社のBCPの概要

◆初動のアクションプラン

◆従業員の自宅における防災　など

このような社内教育は時期を決めて定期的に行うことが重要です。また、BCPをテーマにした教育は通常業務と切り離して考えるのではなく、新入従業員研修や実務者研修など人材教育の一環として行うことがポイントです。あわせて自社のBCPに関して見直しや改訂を実施したときに行うことも検討するとよいでしょう。

ここでは、BCPが発動される段階で重要な役割を果たす、「初動のアクションプラン」と「従業員の自宅における防災」について、従業員教育でカバーするべき内容を説明します。

1. 初動のアクションプラン

アクションプランは、被災直後の数時間、つまり混乱が続く中でも、従業員がだれかの指示を待つのではなく、自ら動けるようにするものです。

たとえば地震発生後にBCP対策本部が立ち上がり、その本部が社内の各部門に明確な指示・命令を出せる段階までには時間が必要です。大きな揺れがおさまった直後から数時間程度は、社内も大混乱している状況にありますから、従業員各人が本部からの指示を待つだけではなく、BCPで定められた自らの役割を果たせることが重要になります。

従業員教育では、それぞれの従業員が現場において、地震発生後数時間程度、たとえば6時間程度以内に行うべき項目を「初動のアクションプラン」として周知徹底しておくことが求められます。

以下は「初動のアクションプラン」の中で対応すべき項目です。それぞれが同時並行的に行われるものであり、本来担当すべき従業員が負傷して対応できないことも考えられますから、お互い、できる範囲でカバーしましょう。

❶自らの安全確保と周囲の負傷者救出

地震の大きな揺れが続く間は、自らの安全を確保します。大きな揺れがおさまった段階で、設備の破損やキャビネット・書棚の転倒によって負傷した同僚が自分の周囲にいないか確認し、負傷者がいれば救出のうえ、一次救命

処置を行います。

最初の大きな揺れの段階で、ヘルメットや手袋の着用ができていなければ、余震に備えて着用します。

また、来客者に対しても必要な支援を行います。

❷初期消火

職場で火災が発生している場合、まず周囲に大声で知らせて協力を仰ぎ、そのうえで初期消火にあたり、手分けをして消防署へも通報します。初期消火で鎮火できないときは、逃げ遅れないようにします。

❸対策本部の立ち上げ

対策本部要員として指名されている従業員は、速やかに対策本部が設置される場所に参集します。

地震が夜間や休日に起こった場合は、まず災害時の参集要員でチームを編成して活動することになります。順次、従業員が参集するとともに、本来の対策本部メンバーに拡大していきます。

この段階でも、自らの安全確保を最優先してください。

❹職場の被害確認

社内の被害状況を確認し、対策本部に報告します。報告にあたっては、「被災状況確認シート」（**図表Ⅴ-4**）を用い、あらかじめ決められた様式で報告することで、とりまとめが効率的に行えます。

図表Ⅴ-4　被災状況確認シート（例）

作成日：　　　　年　　　　月　　　　日
報告者：○　○　○　○

フロア	場所など	被災状況	応急処置状況	追加対応
2階	南側の廊下（総務部への入り口あたり）	壁面の壁が幅1メートルほど、はがれて崩れ落ちている	崩れ落ちた部分の周囲を立ち入り禁止とした	総務部門経由で補修を依頼するとともに、周辺部分の安全性を確認する
3階	経理部の○○さん	地震の揺れで飛び出してきた引き出しにあたり、軽い打撲傷	人事部門にて湿布薬を使い応急手当を行った	症状がおさまるか確認する

人的被害については、会議室、応接室、トイレなど、執務スペース以外の場所も確認します。

❺ライフラインの復旧

ライフラインの復旧に向けて、応急修理や修理業者の手配などを行います。あわせて、非常用自家発電設備の稼働など必要な対応を進めます。

2. 従業員の自宅における防災

事業継続にはさまざまな経営資源が必要ですが、その中で、従業員が最も重要であるといっても過言ではありません。建物や設備が無事で、電気・ガス・水道などのライフラインが復旧しても、中核事業を継続するにあたり従業員が不在では、企業における事業継続は成り立ちません。

地震のような突発的災害はいつ、どこで発生するかを正確に予知することは、今のところできません。つまり、従業員が自宅にいる夜間や休日などに地震に見舞われることが十分考えられます。

これまで、企業におけるBCPを考える中で、勤務中の従業員を守るためのさまざまな対策を検討してきましたが、もし従業員が自宅で家具の下敷きになりケガをしてしまうと、企業の復旧や事業継続に参加することはできません。また、従業員自身が無事であっても、その家族が負傷したり、亡くなったりすると、従業員が速やかに職場復帰することもむずかしくなるでしょう。

首都直下地震クラスの大きな揺れに見舞われたとき、従業員やその家族の身を守ってくれるのは、防災に関する知識であり、備蓄であり、また家族間のコミュニケーションです。企業は、自社の従業員が自宅でも身を守れるように、以下の項目について社内教育を進めておくことが求められます。

(1) 地震の揺れから身を守る

従業員が職場にいる場合でも、また自宅にいる場合でも、地震の大きな揺れから身を守る術は同じです。

❶住まいの耐震性

　大きな揺れによって建物が倒壊した場合、そこで生き残ることはむずかしくなります。特に、旧耐震基準（1981年5月31日以前に建築確認申請が行われたもの）で建築された建物に住んでいる場合は、大地震に対する安全性が低いと考えられています。自宅の耐震診断を受け、必要な耐震補修工事を行うことを推奨します。

　自治体によっては、耐震診断や耐震改修工事に必要な費用を補助する制度を設けている場合がありますから、確認するとよいでしょう。

　また、これから自分の住まいを選ぶ従業員に対しては、建物の耐震性について啓発します。

❷家具や電気製品の転倒防止

　近年の地震による負傷者の30〜50％は、家具や電気製品の転倒や落下、そして移動によるものとされています。自宅の家具、そして冷蔵庫などの大型電気製品は、大地震が起きたときは必ず倒れるものと考え準備を進めます。

　家具類の転倒・落下・移動対策としては、次のようなことが考えられます。

◆納戸や据え付け収納家具などを使い、できるだけ生活空間に家具を置かない

◆寝室には背の高い家具を置かない

◆タンスや食器棚などは、壁に固定する

◆書棚は壁に固定するとともに、重い書籍は下の段に入れる

◆家具は、万が一倒れても、出入り口（逃げ道）をふさがないように置く

◆机の上のパソコンは粘着マットなどの上に置く

◆窓ガラスには飛散防止フィルムを貼る　など

❸水・食料の備蓄

　大きな地震が起こると、電気・ガス・水道などのライフラインが停止するとともに、物流が乱れることにより、食料品などさまざまな物資の入手が困難となります。発災後は、当面自宅にとどまり生活することを余儀なくされますので、救援物資が届くまでの間、家族が過ごせるように水・食料などを

備蓄しておくことが求められます。

　それぞれの家庭においても、最低3日分、できれば1週間以上、もちこたえられる量を準備します。

❹家族との間の安否確認方法

　地震が起こった際、家族全員が同じ場所にいるとは限りません。お互いの安否がわからず心配になり、混乱する中で帰宅する、あるいは外に探しに出るなどして、余震や火災に巻き込まれる危険があります。

　平常時に使える携帯電話がつながりにくくなることも考えられますから、家族間の安否確認方法、たとえば「災害用伝言ダイヤル（171）」などのサービスを利用することをあらかじめ決めておくとよいでしょう。

(2) 水害から身を守る方法も社内教育に含める

　水害は地震と違い、台風など、その発生時期を予測できる場合があります。最新の気象情報に注意すること、また台風に見舞われる前に事前対策を講じることなどを従業員に啓発することが求められます。

❶ハザードマップ

　水害は、洪水や内水氾濫などのリスクが高い場所を、ハザードマップで確認することができます。従業員には、必ず、自宅の水害に対するリスクをハザードマップで確認することを伝えます。

❷情報入手の手段

　自宅がある地域に台風が接近する中、風雨が強まる前に停電する場合があります。避難情報などが適時に入手できるよう、ラジオ（電池式、手回し式）の準備を推奨します。

❸避難行動

　自宅の水害リスクが高い場合でも、的確な避難ができれば、つまり逃げ遅れがなければ従業員の命は守れます。自治体が発表する避難情報に注意し、必要に応じた速やかな避難を呼びかけます。

　特に家族に高齢者がいる場合は、「警戒レベル3」での避難が肝要です。

3節

訓練と新たな課題への対応

首都直下地震や南海トラフ巨大地震のような緊急事態においても、企業は、事業継続という使命を的確に果たすことを求められます。

特に、社会が大混乱する中、平常時から行っている業務と、災害対応業務という異なるニーズに対して、限られた経営資源をどのように配分していくかを的確に判断することが必須です。

これまでに発生した大規模災害を振り返ってみると、BCPが策定されていた企業であっても、必ずしもそれらの計画が的確に運用されていたとはいえません。これはBCPがあっても、それを実際に運用できるかどうかの検証が不十分だったためと考えられます。

1. 訓練の目的確認と準備の留意点

(1) 目的の確認

訓練の目的をまとめると次のようになります。

❶災害時に企業が受ける被害のイメージを再確認する

災害発生時には、企業そのものはもちろん、電気・ガス・水道のライフライン、そして通信や交通など企業を取り巻く状況が悪化するとともに、行政や非被災地域からの支援が必ずしも要請どおりに得られるとは限りません。

さまざまな被災シナリオを使って訓練することで、自社が見舞われる被害のイメージを再確認し、それを従業員全員で共有することができます。

❷BCPを見直す

実際に訓練を実施すると、手順どおりに進まないことや足りない資器材が出てくるなど、BCPの不備や改善点が明らかになります。実施した訓練の結

図表V-5　PDCAサイクル

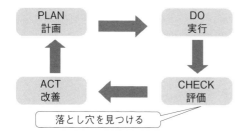

果を踏まえてBCPを見直し、修正することが大切です。

あわせて、故障している機械の修理や足りない備蓄品の購入など、防災・減災に必要な事項に対応します。

これは、リスクマネジメントの基本的な考え方の一つである「PDCAサイクル」を回すことにほかなりません。策定した計画、つまりBCPを訓練という形で実行することで、それが使えるかどうかを評価する、言い換えれば、訓練の実施により、自社のBCPの弱点となる落とし穴を見つけるわけです（**図表V-5**）。

❸BCPへの理解を深め、実践能力を高める

BCPは策定して終わりではなく、それが的確に実践されてこそ意味があります。自社の従業員が計画の内容を理解しているとともに、実際の災害時に計画どおり動けることが極めて重要です。

訓練を繰り返すことによって計画の内容が身につき、また実際に身体を動かすことで、その災害対応力を高めることができます。

(2) 訓練の準備にあたっての留意点

訓練は、実際に災害に見舞われた際、的確に行動できるよう、つまりBCPの実効性を高めるために行います。訓練参加者がうまく対応できるような安易なシナリオを設定するのではなく、むしろ課題や問題点が浮かび上がり、それがBCPの水準向上に結びつくように準備を進めることが大切です。

訓練の準備にあたっては、次の点に留意するとよいでしょう。

❶訓練の範囲とする項目

　訓練の範囲は、訓練の規模や参加者を勘案して、特定の項目に絞る場合、また全体を通して確認を行う場合などさまざまです。

　特定の項目についての訓練としては、本部の立ち上げやライフラインの被災状況確認などがあります。

　また全体を通して確認を行う場合も、被災直後の初動場面、一定時間経過後の事業継続の状況確認など、ある程度ポイントを絞ったほうがよいでしょう。

❷訓練を実施する日程

　訓練には、すべての従業員が可能なかぎり参加できることが望ましいものの、訓練のために事業を停止するわけにはいきませんから、日常業務への影響も考慮して日程を決めましょう。

　また災害は、従業員の数が少ない夜間や休日に発生することも考えられます。そのため、平日の勤務時間帯だけではなく、従業員の数が少なくなる時間帯を想定した訓練の実施も検討します。

❸BCPの設定に対する柔軟な対応

　BCPはあくまで計画ですから、実際の災害時にはBCPで想定していないことが起こりえます。

　たとえば、対策本部を立ち上げる場所は大会議室と決めていても、実際にはその場所の被害が大きく使えなかったり、従業員に初期消火班、避難誘導班などの役割が与えられていても、災害時には負傷するなどしてそれぞれの班に欠員が出ることも予想されます。

　訓練を進めるときには、BCPの設定とは異なるシナリオを参加者に示し、臨機応変な判断や対応が必要であることを理解してもらうことも必要です。

❹近隣住民との連携

　訓練は、地元の消防署などを含め行政機関と協同で行うことが重要ですが、それに加えて、近隣住民との連携も必要です。

　特に夜間・休日など企業にいる従業員が少ない時間帯に災害が発生した場合は、地元住民の協力が大きな役割を果たします。平常時から協力体制を確

立して、企業と地域が一体となった訓練を行うことも検討しましょう。

　ただし、地元住民は防災の専門家ではありませんから、訓練の際に連携する範囲は明確にしておくことが大切です。

2. 訓練の実施

　訓練を実施するにあたり、どのような範囲を対象として行うとよいか、具体的な場面をあげて説明します。企業の規模や従業員の数、また訓練に使う時間などの要素を考慮したうえで、訓練を進めます。

⑴ 本部立ち上げに関する訓練とそのポイント

　本部は、災害時に時間が切迫する中で、限られた経営資源を配分し的確な指示を出すという重要な役割を担っています。被災後、速やかに本部を立ち上げ、一刻も早く初動対応を行うことが必須です。

　本部立ち上げに関する主な訓練項目は、**図表V-6**のとおりです。

❶本部の設置場所

　建物の被災状況によっては、予定していた場所に本部が設置できないことがありえます。BCPで代替場所を決めていない場合は、被災時のさまざまな状況に応じて柔軟に設置します。

　その際、停電によりエレベーターが使えない可能性が高いことを前提とする、また建物の損傷などで危険な場所を通らずにアクセスできる場所にする、などの点を押さえておきましょう。

❷通信手段やアクセス

　建物内の通信連絡網、外部との通信手段が確保できない場合、また道路が寸断されて外部からの支援受け入れがむずかしい場合の対応も訓練します。

❸外部機関との連絡・情報共有

　行政機関や近隣の企業など外部機関との連絡・情報共有に関する訓練では、当該機関と連携して同時に訓練を行う、あるいは訓練時には企業内でその役

図表V-6　本部立ち上げに関する訓練

主な訓練項目	内容
本部の設置	●本部立ち上げを宣言し、決められた場所に本部要員を招集する
本部体制の確立	●従業員の参集状況に応じて、被災後の役割分担を決め、本部体制を確立する
外部からの情報入手	●電気・ガス・水道などのライフライン、道路・鉄道などの被災状況を確認する ●行政機関やグループ会社など外部との連絡チャネルを確保する
事業継続の方針決定	●自社の被災状況を確認し、事業継続の方針を決定する ●事業継続のために、必要に応じて外部の支援を仰ぐ
社内での情報共有および指示	●立ち上げた本部体制について社内に周知する ●必要な緊急対応について指示する ●事業継続方針およびその内容につき指示する ●外部の被災状況などを周知することで、社内のパニックを防ぐ

割を担う人の代役を立てるなどするとよいでしょう。

(2) 建物・設備・ライフライン等の安全確保に関する訓練とそのポイント

　建物・設備・ライフライン等の状況によっては、一部の事業を中断せざるをえない可能性もあります。また事業を継続できる場合でも、その水準を判断する必要がありますから、建物などの保全を担当する従業員でその状況を速やかに確認します。

　建物・設備・ライフライン等の安全確保に関する主な訓練項目としては、**図表V-7**のようなことが考えられます。

❶従業員のシフト

　建物・設備・ライフライン等の安全確保は発災後の初動として非常に重要な手順です。しかし、実際の災害発生時には、建物などの保全を担当する従業員が負傷している、また夜間・休日で不在ということが考えられます。

　担当する従業員の数が足りない場合に備えて、他の担当者をシフトする、また在宅の従業員を招集するという訓練も含めるとよいでしょう。

❷障害物撤去・非常口開放状況の確認

　社内を回って建物や設備の状況点検を行うときにあわせて、屋内階段や非常階段などの避難経路上に障害物が置かれていないかどうかを確認し、見つ

図表V-7　建物・設備・ライフライン等の安全確保に関する訓練

主な訓練項目	内容
発災直後の対応	● 建物の点検と損傷具合の把握 ● 建物の使用が危険と判断される場合は立ち入り禁止とする ● 火災の有無確認（初期消火を行う） ● 二次災害発生の有無確認 ● 火気および危険物の使用停止を徹底 ● ライフラインの停止状況の確認 ● エレベーター内の閉じ込めの確認 ● 本部への報告
応急対応	● ライフライン事業者への連絡 ● ライフラインの代替手段の確保 ● エレベーター事業者への連絡 ● 必要に応じて外部機関等への支援要請

けた場合は撤去します。

　また、非常口となる扉が完全に開くかを確認します。

❸エレベーター内への閉じ込め

　エレベーターは大きな揺れを感知すると自動的に最寄りの階に停止することになっていますから、その階で降りて自らの安全を確保します。

　しかし、エレベーターの「最寄りの階に停止する機能」が作動せず、閉じ込められた場合は、次の対応をします。

◆すべての行先階ボタンを押し、それでも動かない場合は、エレベーター内のインターホンで保守会社に連絡をして救出を待つ

◆インターホンが社内の防災センターなどにつながる場合は、それを受けた従業員がエレベーター事業者に連絡する

◆ドアをこじ開けない、また天井からカゴの外に出ようとしない　など

　非常に大きな地震が発生したときは、救出されるまでに長時間を要することが予想されます。エレベーター内で落ち着いて復旧を待てるように、水、食料、簡易トイレ、救急用品などを入れたエレベーター用備蓄ボックスの導入を検討するとよいでしょう。

❹ライフライン等の代替手段の点検

　電気・ガス・水道などのライフラインの代替手段としてさまざまな準備を

していても、実際の災害時に使えないのでは意味がありません。訓練では、次の点を確認します。

◆非常用自家発電設備の稼働（備蓄燃料の確認を含む）

◆衛星携帯電話の使用方法

◆井戸水の使用を想定している場合は、その水質

◆防災備蓄用品の数と使用期限　など

　ライフライン等の代替手段はすぐに使える状態にあることが重要ですが、あわせて、被災時にすべての従業員が使えることが求められます。

　衛星携帯電話などの日常業務で使わない設備・機器について、担当者が不在のために使い方がわからないという状況にならないよう、使用方法を周知しておくことが大切です。

(3) 従業員の安全確保・安否確認に関する訓練とそのポイント

❶安全確保

　地震で大きな揺れが起こったとき、行動の基本は周りの人に声をかけながら、あわてず自身の安全を確保することです。オフィス内の場合、まず丈夫な机の下など安全な場所に避難します。廊下にいて机などにたどり着けない場合は、姿勢を低くして頭部を保護します。

　訓練では、自分がいつもいる場所ではないところ、たとえば書庫や倉庫で強い揺れに見舞われた場合でも安全な姿勢がとれるか確認します。あわせて、来客に対して安全な行動をとるよう声かけすることも訓練します。

❷安否確認

　大きな揺れがおさまった段階で、同僚の安否確認をします。無事な従業員と負傷している従業員の数をそれぞれ把握します。負傷した従業員については、人事部門などの担当者が応急手当を行います。

　応急手当は、本当にできるかどうかが重要ですから、訓練では「やったことにする」のではなく、実際にその手順を振り返ります。

　工場など製造業の場合は、建物の中だけではなく、駐車場や別棟の資材置

き場・倉庫などに同僚がいないか確認することが求められます。そのような場所に同僚が倒れている設定で訓練を行い、実際に安否確認作業ができているかみておきましょう。

❸安否確認システム

　安否確認システムを導入して、従業員の安否確認を行う企業が増えていますが、このようなシステムは、実際に使えてこそ意味があります。

〔従業員が安否確認システムに入力できる〕

　訓練を行い、従業員が適時に入力できているかを確認します。入力内容に不備がある、あるいは入力していない従業員がいるようであれば、安否確認システムに慣れてもらい、その使い方を十分理解してもらいます。

　訓練とは別に、事前に研修会などで使用方法を説明しておくことが考えられます。そのうえで訓練の機会をとらえて、災害時に自身の安否を入力することの重要性について従業員に周知します。

〔安否確認システムが的確に稼働する〕

　安否確認システムが的確に稼働するかどうかの確認も訓練で行います。一時的にアクセスが集中してシステムそのものがダウンすることがないか、また集計が確実になされているかなどをチェックします。

　訓練の段階で、安否確認システムの稼働に支障が見つかった場合は、当該システムを提供している事業者にプログラムの修正などを依頼します。

〔安否確認システムを操作できる従業員が複数いる〕

　実際の被災時に、安否確認システムの担当者が必ずオフィス内にいるとは限りません。訓練では、通常、安否確認システムを担当している従業員以外の人が操作できるか確認しておきましょう。いざというとき、複数の従業員が安否確認システムを使えることが重要です。

3. 訓練終了後の取り組み

　訓練は実施して終わり、というものではありません。実施した項目ごとに、

その結果を整理し、課題と考えられる事項への対応方法について検討を進めることが重要です。

　検討した結果は、BCPに反映させて、企業全体で共有していきましょう。

（注）
1. 東京都帰宅困難者対策条例（2013年4月施行）：東京都帰宅困難者対策条例では「必要な3日分の水・食料の備蓄に努める」となっているが、2013年12月に発表された「首都直下地震の被害想定と対策について（最終報告）」では、「最低3日間、推奨1週間の水・食料の備蓄」とされている。

Ⅵ章

参考資料

被害の想定と対策、指針の最新事情

【抜 粋】

事業継続ガイドライン

－あらゆる危機的事象を乗り越えるための戦略と対応－

（令和３年４月）

内閣府

防災担当

序文　本ガイドラインの概要

＜本ガイドラインの対象＞

本ガイドラインは、民間企業を主な対象とした内容を多く記載しているが、業種・業態・規模を問わず、全ての企業・組織[1]を対象としている。[2]

＜本ガイドラインの目的＞

本ガイドラインの目的は、事業継続の取組、すなわち事業継続計画（BCP）を含めた事業継続マネジメント（BCM）の概要、必要性、有効性、実施方法、策定方法、留意事項等を示すことで、我が国の企業・組織の自主的な事業継続の取組を促し、ひいては我が国全体の事業継続能力の向上を実現することである。取組の普及に対する政府の期待はもちろん、経済・社会全体の期待も大きいところであり、各企業・組織における積極的な検討を願う。

平成 23 年に発生した東日本大震災やタイの大水害などの対応を見ると、我が国の企業・組織の中には、世界でも先進的な BCM を実現している事例が存在する。一方で、取組が未着手または不十分な例も依然として多いことは事実である。そこで、本ガイドラインは、取組が未着手の企業・組織に対してはその開始を、不十分である企業・組織に対してはその見直し・改善を推進し、さらにはサプライチェーン（供給網）の重要性などを念頭に、企業・組織間や地域内外での連携を促すことで、企業・組織や産業全体としての事業継続能力の向上を目指している。そして、これらが企業・組織や産業としての価値向上も実現することになるであろう。[3]

＜本ガイドラインが対象とする発生事象（インシデント）＞

本ガイドラインが示す BCM は、企業・組織の事業（特に製品・サービス供給）の中断をもたらす自然災害を対象としているが、大事故、感染症のまん延（パンデミック）、テロ等の事件、サプライチェーン途絶など、事業の中断をもたらす可能性がある、あらゆる発生事象について適用可能である。[4]

なお、前ガイドラインでは、自然災害を想定した記述が多く例示されていたが、これは、我が国において、自然災害の懸念が大きいことを踏まえたものであり、企業・組織において自然災害を他の発生事象より優先して対応すべきという意図ではない。

---

[1] 営利・非営利を問わない。

[2] 政府・自治体などの組織にも BCM は有効である。なお、特定の分野における BCM の内容は、各分野を対象とした手引書も参考にされたい。

[3] 民間企業における事業継続の取組を実効性のあるものとするためには、政府においても、時宜を得た適切な情報提供や状況に応じた規制に関する一時的な特別対応、BCM上の連携等の必要性を認識しており、地方公共団体との連携も推進する必要がある。

[4] 為替、景気等を原因とする需要の変動、資産の減少等のリスクを BCM の対象にするかについては議論のあるところであるが、一般的には対象外と考える場合が多い。ただし、発生事象による需要変動が予測できる場合には、それも含めて BCM で対応することが有効である。

<本ガイドラインの位置付け>

　本ガイドラインは、日本国内における BCM に関わる状況を踏まえているが、国際的な規格や諸外国での取組とも基本的な考え方が合致するように策定している。したがって、本ガイドラインに沿って取組を行うことは、BCM の国際的な整合性を確保する上でも役立つ。[5]

　なお、本ガイドラインの記載事項には推奨や例示も多いが、各企業・組織は、自社に適した事項を取捨選択し取り組むとよい。また、企業・組織の独自の工夫も重要である。[6]

<本ガイドラインの構成>

　本ガイドラインの構成を下表に示す。

表(2)　本ガイドラインの構成

構成	章	概要
序文	本ガイドラインの概要	本ガイドライン全体の概要（対象、目的、位置付け等）に関する説明
本文	Ⅰ　事業継続の取組の必要性と概要	事業継続の取組に関する基本的な事項及び事業継続の取組を行う必要性やメリット
	Ⅱ　方針の策定	事業継続マネジメント（BCM）の基本方針の策定及び BCM を策定・実施するための体制の構築
	Ⅲ　分析・検討	有事に継続すべき重要業務や、それらを復旧すべきか等を分析する「事業影響度分析」及び優先的に対策を検討すべきリスクを特定する「リスク分析・評価」
	Ⅳ　事業継続戦略・対策の検討・決定	重要業務を復旧すべき時間内に復旧・継続させるための事業継続戦略
	Ⅴ　計画の策定	BCM における計画の策定及び文書化
	Ⅵ　事前対策及び教育・訓練の実施	計画に従った事前対策及び教育・訓練の実施
	Ⅶ　見直し・改善	BCM の見直し・改善について
	Ⅷ　経営者及び経済社会への提言	企業・組織の経営者及び経済社会に対し、事業継続に取り組むことの重要性及び取り組む上で考慮すべき事項に関する提言
付録	1.　用語の解説	本ガイドラインに関する用語の解説
	2.　参考文献	本ガイドラインの策定・改定に当たり、参考とした文献の一覧
別添	チェックリスト	事業継続の取組の達成状況を確認するためのチェックリスト

---

[5] ただし、本ガイドラインは、例えばISO22301の認証取得の必要十分条件を満たすという趣旨のものではない。

[6] BCM に係る認証や認定の取得を目指す場合には、どの事項が不可欠かは当該制度の要求事項を参照されたい。

I　事業継続の取組の必要性と概要

1.1 事業継続マネジメント（BCM）の概要

　大地震等の自然災害、感染症のまん延、テロ等の事件、大事故、サプライチェーン（供給網）の途絶、突発的な経営環境の変化など不測の事態が発生しても、重要な事業を中断させない、または中断しても可能な限り短い期間で復旧させるための方針、体制、手順等を示した計画のことを事業継続計画（Business Continuity Plan、BCP）と呼ぶ。

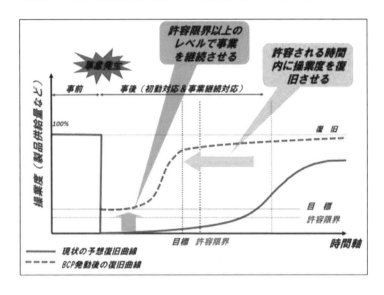

図1.1-1 事業継続計画（BCP）の概念[7, 8]

---

[7] 例えば、大規模災害が発生した場合、平常時よりも需要が増える製品・サービス、あるいは同業他社の被災により一時的に自社への需要が増える製品・サービスもあるので、それに対応するため操業度が100%を上回る可能性もある。

[8] このイメージ図は、企業・組織において、突発的に被害が発生するリスク（地震、水害、テロなど）を主として想定している。段階的かつ長期間にわたり被害が継続するリスク（新型インフルエンザを含む感染症、水不足、電力不足など）は別の形のグラフとなり、そのうちの感染症に係るもののイメージ図を次に例示する。

BCP策定や維持・更新、事業継続を実現するための予算・資源の確保、事前対策の実施、取組を浸透させるための教育・訓練の実施、点検、継続的な改善などを行う平常時からのマネジメント活動は、事業継続マネジメント（Business Continuity Management、BCM）と呼ばれ、経営レベルの戦略的活動として位置付けられるものである。[9] ただし、BCMの内容は、自社の事業内容、規模等に応じて経営者がその範囲を判断してよい。また、多額の出費を伴わなくても一定の対応は可能であるため、資金力や人的な余裕がない企業・組織も含め、全ての企業・組織に導入が望まれる。社会・経済全体の期待が高いことを踏まえ、初めから完璧なものを目指して着手に躊躇するのではなく、できることから取組を開始し、その後の継続的改善により徐々に事業継続能力を向上させていくことを強く推奨する。

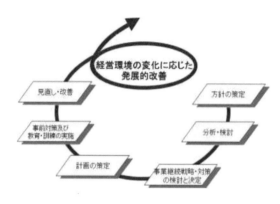

図1.1-2 事業継続の取組の流れ

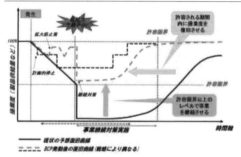

[9] ここでBCMとして説明している内容は、前ガイドラインまで、概ね「事業継続計画（BCP）」の広義に含まれると説明していた。しかし、近年、国際的には、BCPは「不測の事態発生時の対応計画書」という、狭義で用いられることが多く、その整合性を確保するため、本ガイドラインにおいてBCMとして説明することとした。

BCM は単なる計画ではなく継続的な取組であり、企業・組織全体のマネジメントとして継続的・体系的に取り組むことが重要である。その手法として、例えば、PDCA サイクル等のマネジメントに関する仕組の活用も有効である。[10]　各企業・各組織において既にこのような仕組が導入されている場合は、それと整合させた BCM の導入が有効であろう。

　BCM においては、特に次の 3 点が重要であり、これらが不十分である場合は、他の部分を充実させたとしてもその効果は限定的となる可能性が高い。

● 　不測の事態において事業を継続する仕組
● 　社内の BCP 及び BCM に関する意識の浸透
● 　事業継続の仕組及び能力を評価・改善する仕組

1.2　企業における従来の防災活動と BCM の関係

　例えば、企業における BCM は、下表のとおり、従来まで一般的に取り組まれてきた防災活動とも関係が深いが、中心的な発想やアプローチが異なる。BCM においては、危機的事象の発生により、活用できる経営資源に制限が生じることを踏まえ、優先すべき重要事業・業務を絞り込み、どの業務をいつまでにどのレベルまで回復させるか、経営判断として決めることが求められるが、この点が BCM と従来の防災活動で大きく異なる。そのため、防災活動の単なる延長として BCM を捉えると、その効果を十分に発揮できないおそれがある。

表 1.2-1　企業における従来の防災活動と BCM の比較表[11]

	企業の従来の防災活動	企業の事業継続マネジメント（BCM）
主な目的	● 　身体・生命の安全確保 ● 　物的被害の軽減	● 　身体・生命の安全確保に加え、優先的に継続・復旧すべき重要業務の継続または早期復旧
考慮すべき事象	● 　拠点がある地域で発生することが想定される災害	● 　自社の事業中断の原因となり得るあらゆる発生事象（インシデント）

---

[10] マネジメントに関する仕組の一例としては、ISO の PDCA サイクルを用いるマネジメントシステムがある。なお、事業継続マネジメントシステム（BCMS）では ISO 等の認証制度の活用も手段の一つであるが、本ガイドラインは、認証制度、特に第三者認証制度の活用を推奨することを意図している訳ではない。
[11] 本表は、NPO法人事業継続推進機構「標準テキスト」の比較表等を参考に、新たに作成している。

重要視される事項	● 以下を最小限にすること 　➤ 死傷者数 　➤ 損害額 ● 従業員等の安否を確認し、被災者を救助・支援すること ● 被害を受けた拠点を早期復旧すること	● 死傷者数、損害額を最小限にし、従業員等の安否確認や、被災者の救助・支援を行うことに加え、以下を含む。 　➤ 重要業務の目標復旧時間・目標復旧レベルを達成すること 　➤ 経営及び利害関係者への影響を許容範囲内に抑えること 　➤ 収益を確保し企業として生き残ること
活動、対策の検討の範囲	● 自社の拠点ごと 　➤ 本社ビル 　➤ 工場 　➤ データセンター等	● 全社的（拠点横断的） ● サプライチェーン等依存関係のある主体 　➤ 委託先 　➤ 調達先 　➤ 供給先　等
取組の単位、主体	● 防災部門、総務部門、施設部門等、特定の防災関連部門が取り組む	● 経営者を中心に、各事業部門、調達・販売部門、サポート部門（経営企画、広報、財務、総務、情報システム等）が横断的に取り組む
検討すべき戦略・対策の種類	● 拠点の損害抑制と被災後の早期復旧の対策（耐震補強、備蓄、二次災害の防止、救助・救援、復旧工事　等）	● 代替戦略（代替拠点の確保、拠点や設備の二重化、OEM の実施　等） ● 現地復旧戦略（防災活動の拠点の対策と共通する対策が多い）

　防災活動とは、基本的に事業所等の拠点ごとに検討され、災害による被害を軽減するための対策を講ずるものであり、企業経営の観点からも、今後とも極めて重要である。また、対策の内容には BCM と重なる部分もある（特に、現地復旧戦略は重なる部分が多い）ため、企業は、BCM と防災活動を並行して推進すべきである。政府は、これら双方のため、懸念の大きい災害の被害想定やインフラの復旧見込み等を推定・公表し、インフラへの対策投資等の努力を引き続き行う。また、地方公共団体や指定公共機関等の社会インフラ事業者にも、同様の対応を要請する。

1.3 事業継続マネジメント（BCM）の必要性

　企業・組織は、様々な危機的な発生事象（インシデント）に直面しても、取引先をはじめ、社内外の利害関係者から、重要な事業の継続または早期の復旧を望まれている。したがって、

このような利害関係者のニーズと期待を十分に認識し、BCMを積極的に経営戦略に反映すべきである。

実際、大地震、洪水等が世界各地で甚大な被害をもたらし、多くの企業・組織が操業停止に追い込まれる例が続いている。この場合、仮に廃業を免れても、復旧に時間がかかり顧客を失うと、その後に顧客を取り戻すことは容易ではないことが実例からも示されている。

さらに、近年、企業・組織は生産効率の向上等を目指して分業化及び外注化を進めてきたことから、原材料の供給、部品の生産、組立、輸送、販売などに携わる企業・組織のどれかが被災すると、サプライチェーン全体が止まり、国内はもちろん世界的にも影響を及ぼしかねない状況となっている。[12]

このような中で、企業・組織は、自らの生き残りと顧客や社会への供給責任等[13] を果たすため、どのような事態が発生しても重要な事業が継続・早期復旧できるよう、BCMを導入する必要性が一層高まっている。

また、BCMは、社会や地域における企業・組織の責任の観点からも必要と認識されるべきである。災害対策基本法に基づく国の「防災基本計画」においても、「災害時に重要業務を継続するための事業継続計画を策定・運用するよう努める」ことが、企業の果たす役割の一つとして記載されている。また、平成25年度の災害対策基本法改正では、事業者の責務として、「災害応急対策又は災害復旧に必要な物資若しくは資材又は役務の供給又は提供を業とする者は、基本理念にのっとり、災害時においてもこれらの事業活動を継続的に実施するとともに、当該事業活動に関し、国又は地方公共団体が実施する防災に関する施策に協力するように努めなければならない。」（第7条第2項）とする規定が追加された。[14]

さらに、BCMに取り組むことによって、緊急時にも製品・サービスなどの供給が期待できることから、取引先から評価され、新たな顧客の獲得や取引拡大につながり、投資家からの信頼性が向上するなど、平常時の企業競争力の強化といったメリットもある。[15]

1.4 経営者に求められる事項

これまで述べてきたとおり、事業継続の取組を行うことは企業・組織の経営者[16]の責任として認識されるべきであり、経営者は平常時も有事にもリーダーシップを発揮し、率先して、特に以下の事項を行うことが必要である。

---

[12] 東日本大震災では、国内の影響が海外にまで及んだが、逆に、タイの水害のように、海外の影響が国内に及ぶことも多い。このように、サプライチェーンの重要性を鑑みても、BCMは必要である。

[13] 供給責任の他に、法令や条例による規制の遵守（株主総会の開催や、税務申告、有価証券報告書の提出、製薬企業における副作用報告等の期限等）、調達先や従業員等への支払の責務などが考えられる。

[14] 新型インフルエンザ対策等特別措置法及び新型インフルエンザ対策行動計画等においても、指定公共機関に新型インフルエンザ等対策の内容、実施方法、体制、関係機関との連携等に関する業務計画を定め、まん延時における事業実施の確保等を求めており、登録事業者には医療の提供並びに国民生活及び国民経済の安定に寄与する業務を継続的に実施するよう努めなければならないとしている。

[15] その他に、以下のようなメリットが例示できる。
・自社及び地域の雇用維持
・同業他社の供給力が低下した場合における代替
・復旧や復興に係る需要を得る機会の獲得

[16] 企業・組織の経営及び運営に責任を持つトップの人物またはグループを、ここでは経営者と総称する。

- BCM の必要性とメリットを理解し、相応の時間と労力、投資が必要であることも理解した上で、BCM の導入を決定し、自社の重要事項として実施させること
- 自社の経営理念（存在意義など）やビジョン（将来の絵姿）を踏まえ、経営と連関の取れた BCM の基本方針の策定、経営資源の割り当て、戦略策定、BCP 等の計画策定、対策等の実施、見直し・改善などについて、的確に判断し、実行させること
- BCM に関する議論、調整、改善などに、自らのスケジュールを確保して、積極的に参画すること
- BCM について利害関係者からの理解を求めること
- BCM 及び事業継続能力について適宜、情報発信することにより、取引先等、企業・組織にとって重要な利害関係者に対する信頼構築に努めること[17]
- BCM を通じて、企業価値を高める体制を構築することで、競争力を磨き高め、取引や利益等の拡大を目指すこと
- BCP の発動時において、戦略や対策の選択に的確な判断を行い、予想を超えた事態が発生した場合には、既存 BCP を柔軟に活用し臨機応変な判断・対応指示を行うこと

---

[17] 取組の概要について、有価証券報告書や事業報告書等で積極的に開示することも推奨する。

1.5 事業継続マネジメント（BCM）の全体プロセス

　BCM における実際の取組は下図のようなプロセスで構成される。次章以降にて各プロセスについて説明する。

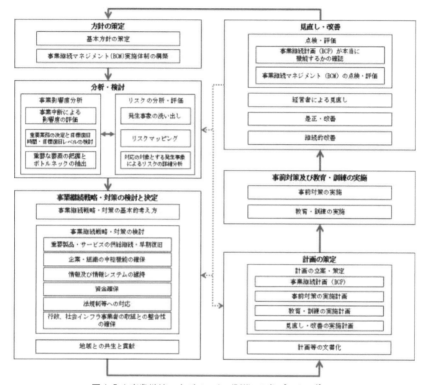

図 1.5-1 事業継続マネジメント（BCM）の各プロセス[18]

---

[18] 本図では、見直し・改善から方針の策定へ実線の矢印を記しているが、実際には分析・検討以降のプロセスに直接つながる事項も多いため、その部分を破線の矢印で記している。

II 方針の策定

2.1 基本方針の策定

BCM の実施に当たり、経営者はまず自社の事業及び自社を取り巻く環境を改めてよく理解し、自社が果たすべき責任や、自社にとって重要な事項を明確にすることが必要である。具体的には、自社の経営方針や事業戦略に照らし合わせ、社内外の利害関係者（取引先、株主、従業員等）や社会一般からの自社の事業への要求・要請を整理することから始めるとよい。

そして、経営者はこれらに基づき、自社の事業継続に対する考え方を示す基本方針[19]を策定する必要がある。あわせて、事業継続の目的や BCM で達成する目標を決定し、BCM の対象とする事業の種類や事業所の範囲なども明らかにする必要がある。また、これらは、BCM の基礎となるものであるため、取締役会または経営会議の決議を経ることが適切である。

なお、BCM においては、顧客及び自社、関連会社、派遣会社、協力会社などの役員・従業員の身体・生命の安全確保や、自社拠点における二次災害の発生の防止は、当然、最優先とすべきである。また、地域への貢献や共生についても、可能な範囲で重要な考慮事項として取り上げることを強く推奨する（4.3 章を参照）。

2.2 事業継続マネジメント（BCM）実施体制の構築

経営者は、BCM の導入に当たり、分析・検討、BCP 策定等を行うため、その実施体制、すなわち、BCM の責任者及び BCM 事務局のメンバーを指名し、関係部門全ての担当者によるプロジェクトチーム等を立ち上げるなど、全社的な体制[20] を構築する必要がある。なお、取組が進み、BCP 等を策定した後も、この体制を解散させず、事前対策及び教育・訓練の実施、継続的な見直し・改善を推進するための運用体制[21]に移行させ、BCM を維持していく必要がある。また、経営者は、これらの体制において、総括的責任及び説明責任（アカウンタビリティ）を負わなければならない。

---

[19] 例えば、「人命を最優先とする」、「顧客に対する供給責任を果たす」、特定の社会的責任がある場合には、「社会的責任を必ず果たす」等の事項が考えられる。

[20] 各部門内で、BCMに関する責任、権限を有する必要な人員を任命することが重要である。また、全社的な体制は既存の組織を活用してもよい。なお、企業・組織内及び部門内で、これらの人員がBCMに携わることがプラス評価される仕組にすることが望ましい。

[21] 事前対策及び教育・訓練、点検、監査、是正・改善などの実施に責任及び権限を有する必要な人員を確保する。導入の体制より専任者を減らし、各部門と兼務でも良いので、人員を確保し続けることが重要である。（6.1章を参照）

III　分析・検討

3.1　事業影響度分析

　何らかの危機的な発生事象（インシデント）により自社の施設が大きな被害を受けたり、重要な事業のサプライチェーンが途絶したりすれば、平常時に実施している全ての事業・業務を継続することは困難となり、重要な事業に必要不可欠な業務から優先順位を付けて継続または早期復旧することが求められる。そこで、事業影響度分析（Business Impact Analysis、BIA）を行うことにより、企業・組織として優先的に継続または早期復旧を必要とする重要業務を慎重に選び、当該業務をいつまでに復旧させるかの目標復旧時間等を検討するとともに、それを実現するために必要な経営資源を特定する必要がある。[22]

3.1.1　事業中断による影響度の評価

　まず、その原因に関わらず、自社の各事業が停止した場合に、その影響の大きさ及びその変化を時系列で評価する。この分析を「その原因に関わらず」行う趣旨は、顧客や取引先の経営判断においては、「事業が停止するか否か」が重要であり、停止の原因は実際にはそれほど重要ではない場合が多いためである。[23]

　具体的な方法としては、製品・サービスの供給が停止（または相当程度低下）した場合の影響を、以下の表3.1.1.-1のような観点で、時系列にできるだけ定量的に評価し、自社にとって重要な製品・サービスを特定するとともに、それぞれがどのくらいの供給停止期間（供給低下期間）に耐え得るかを検討する。[24]

表 3.1.1-1　事業中断による影響度を評価する観点（例）

影響度を評価する観点
● 利益、売上、マーケットシェアへの影響
● 資金繰りへの影響
● 顧客の事業継続の可否など顧客への影響、さらに、顧客との取引維持の可能性への影響
● 従業員の雇用・福祉への影響
● 法令・条例や契約、サービスレベルアグリーメント（SLA）等に違反した場合の影響[25]

---

[22] 実施方法としては、アンケートやヒアリング調査などで情報を集める方法も一例である。

[23] 供給先からの供給要請は、供給先が同時被災して業務が中断する場合、広域災害で供給先が直接被災しなくても業務再開がすぐにできない場合などを除けば、発生事象（インシデント）の種類などの原因によらず、同様に行われると考えられる。なお、事業停止の原因については、後述3.2章の「リスクの分析・評価」で中心的に扱うこととなる。

[24] 分析では、1日当たりの売上や事務処理量を用いた簡易な定量的な評価などでも一定の目的は達せられる。定量化が難しいものは、経営に与える影響の大小などで定性的に評価してもよい。直感的に重要業務、目標復旧時間等が把握できるなら、簡易な取組ではなく簡易でもよい。なお、事業影響度分析に時間をかけ過ぎると、その間に外部・内部の事業環境が変化し、作業が無意味になる可能性があることにも留意が必要である。

[25] 例えば、契約には供給遅延の賠償責任等があり、法令には株主総会の開催期限、税務申告期限、製薬企業における副

- 自社の社会的な信用への影響
- 社会的・地域的な影響（社会機能維持など）

3.1.2 重要業務の決定と目標復旧時間・目標復旧レベルの検討

　次に、影響度評価の結果を踏まえ、優先的に継続・復旧すべき重要事業を絞り込む。

　さらに、この重要な事業に必要な各業務（重要業務）[26]について、どれくらいの時間で復旧させるかを「目標復旧時間」（Recovery Time Objective、RTO）として、どの水準まで復旧させるかを「目標復旧レベル」（Recovery Level Objective、RLO）として決定し、また、重要業務間に優先順位を付ける。[27]

　具体的には、それぞれの重要業務について、停止（相当程度の低下）が許されると考える時間の許容限界、レベルの許容限界[28] を事業影響度の時系列分析から推定した上で、時間の許容限界より早く目標復旧時間を設定し、レベルの許容限界を上回るように目標復旧レベル設定することになる。[29, 30, 31] ただし、この段階における目標復旧時間及び目標復旧レベルは、実現性が未検証であるため、あくまで「案」にとどまる。これら目標の実現のため、後述Ⅳ章における戦略・対策の実施可能性等の検討を経てから、経営判断で最終決定することとなる。[32]

作用報告期限等がある。

[26] 重要業務ではないと判断された業務は、重要業務の復旧にめどがついた段階で復旧時期を検討する。なお、復旧の先送り、事業撤退や新規事業へのシフトが検討される場合もある（脚注45を参照）。

[27] 目標復旧時間、目標復旧レベルは、単なる目標ではなく、講じた対策により達成可能なものでなければならない。4.1章に示すとおり、経営者は、事業継続戦略とそれに基づいて実施する対策の決定と一体的に、目標復旧時間、目標復旧レベルを、実現可能で対外的に説明できるものとして正式に決定する。

[28] これらの許容限界も、厳密にいえば、発生事象（インシデント）の大きさ、インフラや顧客の被害状況などの要因で変わり得る。例えば、火災で自社のみが被災した場合と、広域災害により顧客や取引先も同時に被災した場合では、停止時間の許容限界はある程度異なると考えられる。また、幅を持った推測しかできない場合も多い。ここでは、ある程度大胆に推定し、後に必要に応じて見直すことを推奨する。ただし、広域災害の場合に被災地と非被災地で顧客や取引先の要求は大きく異なるので、非被災地の対応を適切に行う必要がある。

[29] これらの設定を許容限界より大幅に高めると、達成するための対策（4.2章に記述）の費用が膨大となり、再検討の可能性も高くなることには留意する。

[30] 目標復旧時間を複数考え、各時点の目標復旧レベルを段階的に設定するなどの組み合わせももちろん可能である。

[31] 重要業務やその目標復旧時間の決定が難しいという企業もあるが、できるだけ決定するよう努めるべきである。例えば、同一事業でも顧客ごとに分けて、重要顧客への供給を重要業務とできるかを検討する、インフラ・ライフライン、調達先、納入先などの復旧時期を大胆に幾つか仮定し、目標復旧時間を検討するなどの方法もある。

[32] 対外的にも説明する自社として最終決定した目標復旧時間や目標復旧レベルは、一種の公約で実現できるものでなければならないため、実施可能性を見極めてから経営判断で決定することになる。

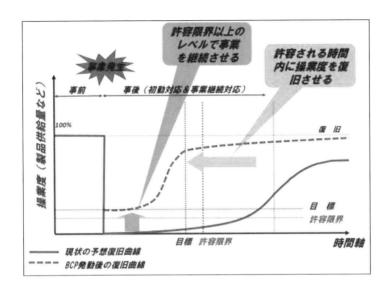

図 3.1.2-1 事業継続計画（BCP）の概念（再掲）[33]

3.1.3　重要な要素の把握とボトルネックの抽出

　次に、それぞれの重要業務の実施に不可欠となる重要な要素（経営資源）[34] を把握する。

---

[33] 段階的かつ長期間に渡り被害が継続するリスク（新型インフルエンザを含む感染症、水不足、電力不足など）に関しては、被害の進行状況に応じて段階的に業務レベルを低減・維持・回復させるための検討も考えられる。
以下に、感染症に係るもののイメージ図（P.3）を再掲する。

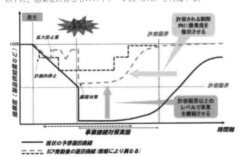

ここでは、まず、重要な要素の全てを漏れなく洗い出すのが基本である。製造業などでは相当の作業量になる場合もあるが、これが不十分となると、後述Ⅳ章において、重要な要素を必要な時間内に確保するための対策を検討する際、別の重要な要素を確保できなければ、対策の意味が無くなりかねないため、注意を要する。

　続いて、これらの重要な要素の中で、必要とされている量の確保が可能となるまでの時間をより早めない限り、当該重要業務の復旧をさらに早めたり、復旧レベルを上げたりすることができないものを「ボトルネック」として把握する。[35]　その一般的な方法は、まず、後述3.2章のリスクの分析・評価で、現状（すなわち、戦略・対策の実施前）において、特定した発生事象（インシデント）による重要な要素に対する被害（入手可能時間の遅れなども含む）を想定し[36]、それにより「現状で可能な復旧時間」や「現状で可能な復旧レベル」を推定する。そして、これらを改善するために対策を講じることが必要となるボトルネックを抽出するための分析・検討を行う。[37]

　また、この場合、「現状で可能な復旧時間」や「現状で可能な復旧レベル」は、3.1.2章で把握した取引先等のニーズを踏まえた目標復旧時間や目標復旧レベルの「案」を満たしていないことが当然多い。そこで、その時間・レベルのギャップを埋めることを目指し、把握された重要な要素、主にボトルネックとなる要素の被害軽減や早期確保に向けて、後述Ⅳ章の事業継続戦略やその実現のための対策を検討することになる。[38]

3.2　リスクの分析・評価

　3.1の事業影響度分析と並行して、自社が優先的に対応すべきリスク（発生事象（インシデント）の種類など）を把握するため、リスク分析・評価を実施する。

　BCMは「どのような危機的な発生事象」に直面しても重要業務を継続する、という目的意識を持って実施するものであり、そのため、前述の事業影響度分析は、発生事象の種類によらず実施する。しかし、実際にBCMに取り組むためには、企業・組織を取り巻く発生事象によるリスクがどのようなものであるかを理解し、優先的に対応すべき発生事象の種類やその被害水準（例えば、地震であれば予想震度など）を選ぶことが必要である。特に、対策の検討を行うためには、想定した発生事象によるリスク[39]を個別に想定することがプロセスとし

---

[34] 重要な要素の例としては、キーパーソン、事務所・工場等の拠点、工程、機械、金型、工具、梱包、原料・部品、サービス、ライフライン、物流、データ、システム、資金などがある。

[35] 復旧時間が一番長いクリティカルパスを把握し、それを改善すると考えてもよい。

[36] これらの作業は、事業影響度分析ではなく、リスク分析・評価に含まれるものであるため、両者による分析・検討を並行に行うことが必要になる。

[37] 重要な要素の洗出しは、詳細なリスト化を行うとかなりの作業量となる場合があるので、その作業を軽減し、目標復旧時間や目標復旧レベルの達成のボトルネックになりそうな要素を直接探し出す方法も考えられる。しかし、本文で前述したように、ボトルネックになる重要な要素を見落としてしまう可能性があるため、慎重に考えなければならない。

[38] このようなボトルネックの解消のための対策を行うと、別なボトルネックが出てくることに留意が必要である。次の新たなボトルネックに対しても対策を行う必要が生じることを、ある程度先を読んで認識しておくことが推奨される。

[39] ここでいうリスクには様々な種類があるが、例えば、以下のような分類をすることができる。
①□地震等の広域災害のリスク：多くの経営資源に甚大な被害を与えるため、類似の被害が想定される他のリスクにも応用が利く。一方、取引先やインフラ・ライフラインの被害も考える必要があるため、分析・評価が難しい。
②□火災等の自社のみが被災するリスク：取引先は平常通りのため、許容される中断時間が比較的短い。取引先やライフラインは被害がないので、分析・評価はあまり難しくない。

136

て必要になる。

　ただし、このような検討に際しても、「様々な発生事象に共通して有効な戦略・対策が望まれる」ことを意識しておくことが重要である。そして、BCMの継続的な改善の中で、想定・対応する発生事象の種類やその被害水準を拡大することを目指すべきである。一つの発生事象を想定したBCMで満足し、他に懸念される発生事象へ想定を広げる改善を先送りすると、BCMの持つ可能性を十分に生かせない。

　リスクの分析・評価[40]は、次のようなステップで行う。
① 発生事象の洗い出し
　　自社の事業の中断を引き起こす可能性がある発生事象を洗い出す。この洗い出しについては、極力発生し得る全てのものを考慮する。[41]
② リスクマッピング
　　①で洗い出された発生事象について、発生の可能性及び発生した場合の影響度について定量的・定性的に評価し、優先的に対応すべき発生事象の種類を特定し、順位付けする。[42]
③ 対応の対象とする発生事象によるリスクの詳細分析
　　②で優先的に対応すべきと特定した発生事象により生じるリスクについて、自社の各経営資源や調達先、インフラ、ライフライン、顧客等にもたらす被害等を想定する。これは、3.1章の事業影響度分析で選定した重要業務に対して行うのが通常である。具体的には、特定した発生事象によって、当該重要業務について3.1.3章で把握した重要な要素が、現状（すなわち、対策の実施前）において、どのような被害を受けるかを検討する。そして、その重要な要素を確保するために現状で要する時間を推定し、その重要業務が現状ではいつまでに復旧できるか（＝現状で可能な復旧時間）、どのぐらいの業務水準で継続・復旧できるか（＝現状で可能な復旧レベル）を推定するという手順が一般的である。[43、44]

　このように、リスクの分析・評価は、作業手順として事業影響度分析と行きつ戻りつしながら行うことになる。

---

③□新型インフルエンザ等の段階的に発生するリスク：段階的かつ長期的に影響を与えるため、操業レベルを維持するための対策が重要となる。

[40] リスクマネジメントの標準手法は、リスクマネジメント－原則及び指針（JISQ31000）を導入することも考えられる。

[41] 自社の対応可能性を超えそうな事象であっても、発生の可能性があれば対象に含める必要がある。また、１つの事象の発生が他の事象を連鎖的に発生させる場合も、必要に応じて考慮する。

[42] 発生時の影響が甚大である事象は、事業継続や経営存続に深刻な影響を与えかねないことから、発生確率は低くても経営判断として「対応の対象とする発生事象」とすべきとされる場合があることに留意すべきである。

[43] 地方公共団体や政府が公表する被害想定やハザードマップ等を活用するとよい。

[44] 精緻に被害想定を進めたとしても、戦略・対策の検討段階において、想定を超える事象が発生する可能性を認識しておく必要がある。（東日本大震災の教訓でもある）

Ⅳ　事業継続戦略・対策の検討と決定

　次に、それぞれの重要業務について、3.1.2章で把握した、取引先等のニーズを踏まえた目標復旧時間や目標復旧レベルの「案」の達成を目指し、事業継続戦略とその実現のための対策を検討し、経営者として決定する。この事業継続戦略は、自社としての重要な意思決定であり、自社の経営理念やビジョンなどを十分に踏まえ、経営全般と連関の取れたものとすることが必要である。

4.1　事業継続戦略・対策の基本的考え方

　事業継続戦略における検討の視点は、重要な事業に必要な各重要業務の目標復旧時間・目標復旧レベルの達成を目指すものであるから、これら重要業務に不可欠な要素、特にボトルネックとなる要素をいかに確保するかを検討することになる。その方向性として、第一に、想定される被害からどのように防御・軽減・復旧するか、そして、第二には、もし利用・入手できなくなった場合にどのように代わりを確保するか、の二つの観点が主なものとなる。これを例えば拠点について当てはめると、前者が「現地復旧戦略」となり、後者が「拠点の代替戦略」となる。[45]

　事業継続戦略の検討に当たっては、優先的に対応すべき発生事象（インシデント）を念頭に置いて行うものの、BCM は「どのような危機的な事象が発生しても重要業務を継続する」という目的で実施するものであることも考慮することが重要である。[46] この点から、BCM では、自社に生じた事態を原因事象（例えば、直下型地震）により考えるのでなく、結果事象（例えば、自社の〇〇拠点が使用不能）により考え、対応策を検討することが推奨される。[47] また、この観点では、個々の重要な要素について代替を確保する代替戦略が幅広い発生事象に対して共通して有効となる可能性が高い。そこで、BCM においては、現地復旧戦略等とともに、代替戦略は必ず考えるべき戦略とされる。

　例えば、代替戦略によって自社で代替拠点を確保すれば、地震、洪水、火災、テロなど幅広い発生事象に共通して効果が高いため、危機全般を考えた対応策として有効性が高い。ただし、代替戦略には課題もあり、例を挙げれば、現在の拠点と同等の生産能力を持つ代替拠点を持つのは平常時の費用や採算性の面で容易でなく、多重化が難しい場合も多い。そこで、代替拠点の場所だけを決め、設備投資せずに立ち上げ訓練のみ実施する方法、同業他社と災害時に相互支援を合意する方法など、実現しやすい方法を考えることも重要になる。さらに、

---

[45] 戦略の分類方法には様々なものあるが、例えば、拠点の代替戦略をみても、その中に4.2.1章で示すように幾つかの種類がある。また、重要業務と言えども、その事業に今後の需要の増加が見込めず、資金繰り等への影響も考慮すれば、経営判断として復旧の先送り、または事業それ自体の撤退、新規事業へのシフトも含めて検討することとなり、それらも戦略に含めて考える方法もある。

[46] つまり、リスク分析・評価で特定した発生事象によるあるレベルの被害想定を前提にしないと対策の検討は行いにくいが、それに固執しすぎないことも重要である。実際に発生する被害は、被害想定とは異なることが多いとの認識を持ち、発生事象の種類や様相が異なっても共通に有効な戦略・対策を考えていくよう努めることも推奨される。自然災害等の場合、政府・自治体の被害想定を参考にすると有効であることが多いが、この被害想定も科学的な最大被害を想定しているわけではなく、その想定を超える場合があることを認識することは東日本大震災の教訓のひとつでもある。

[47] この考え方は、想定外の被害を受けた場合にも、「結果事象」としてみた被害が同じものであるならば、そのための戦略・対策は、この想定外の被害の場合でも有効と期待できるという発想が背景にある。

早期に現地復旧できれば最も事業継続しやすいのは明らかであるため、現在の拠点における復旧戦略と代替戦略の双方を検討することが適切である場合が多い。

このような面も含め、事業継続戦略の実現のための対策には、平常時から、ある程度費用をかけなければならない場合が多いのは事実であり、経営者としてどこまで費用をかけるかの判断が重要である。実例はまだ少ないが、他社との提携などによって費用を抑える対策もあり得る。一方で、既に述べたとおり、これらの対策により、緊急時の製品・サービスなどの供給が期待できるため、取引先等からの評価、新たな顧客の獲得や取引拡大、投資家からの信頼性向上など、多くのメリットにつながることも認識すべきである。

そこで、企業・組織は知恵を絞り様々な選択肢を検討し、費用対効果を十分に検討しながら戦略・対策を選んでいくことが重要となる。

以上のような検討を踏まえ、経営者は、事業継続戦略とそれに基づいて実施する対策を決定し、その内、それぞれの重要業務の目標復旧時間及び目標復旧レベルについては、実現可能で対外的にも説明できるものとして、正式に決定する。

なお、今後の BCM の見直し、継続的改善の実施を念頭に、分析から戦略・対策の決定に至った根拠、経過の資料、選択理由等は、記録として保持しておくことが強く推奨される。

4.2 事業継続戦略・対策の検討

企業・組織が検討すべき事業継続戦略を検討する観点として、

① 重要製品・サービスの供給継続・早期復旧
② 企業・組織の中枢機能の確保

が特に重要である。さらに、次の観点も重要である。

③ 情報及び情報システムの維持
④ 資金確保
⑤ 法規制等への対応
⑥ 行政・社会インフラ事業者の取組との整合性の確保

以下に、それぞれについて説明する。

4.2.1 重要製品・サービスの供給継続・早期復旧

BCM によって達成すべき目的の柱は、一般的な企業・組織で考えれば、自社の重要事業、すなわち、重要な製品・サービス供給の継続または早期復旧である。そこで、事業継続戦略を検討する場合、この目的をどのように達成するかが、まず持つべき観点である。

事業継続戦略・対策の選択肢の具体例を以下に示す。これらについて、事前に実施すべき対策等の費用や準備に要する期間、発災時の実施にかかる費用や必要となる経営資源の確保の可能性等も考慮して検討していく。

なお、以下 4.2 章の各項目で共通であるが、ここでは基本的にリスク分析・評価で特定した一つの危機的な事象（インシデント）により発生する被害を想定して作業を進めているが、

可能な範囲でこの被害の想定には段階を付けて（例えば、軽微、甚大、壊滅）、それぞれに戦略及び対策を検討することがより実践的である。[48]

(1) 業務拠点に関する戦略・対策
- 拠点（本社、支店、支社、工場等）の建物や設備の被害抑止・軽減[49]
- 拠点の自社内での多重化・分散化[50]（平常時に他の拠点でも生産を行う場合に加え、場所だけでも決めておき被災したら早急にラインを立ち上げる等の方法もある）
- 他社との提携（OEM、アウトソーシング、相互支援協定の締結等）
- 在宅勤務、サテライトオフィスでの勤務[51]

(2) 調達・供給の観点での戦略・対策
- 適正在庫の見直しや在庫場所の分散化による供給継続
- 調達先の複数化や代替調達先の確保（ただし、複数の調達先における同時被災や、2段階以上先の調達先が同一となり、そこが被災する場合にも留意）
- 供給先・調達先との連携（在庫持ち合い、調達先の事業継続能力の把握、BCM実施要請・支援、事業継続に関する共同訓練の実施、さらに先の調達先企業の事業継続能力の把握要請等）
- 代替調達の簡素化（汎用部品の使用など設計仕様における考慮等）

(3) 要員確保の観点での戦略・対策
- 重要業務の継続に不可欠な要員に対する代替要員の事前育成・確保（クロストレーニング、新規雇用等）
- 応援者受け入れ（受援）体制・手順の構築、応援者と可能な範囲で手順等の共通化
- 調達先や連携先におけるBCM支援のための人員の確保

4.2.2 企業・組織の中枢機能の確保

緊急時には、平常時の業務では求められない全体的な情報収集や分析、迅速な意思決定と指示、情報発信等の業務に関する必要性が相当高まることが想定される。その中で、企業・組織の本社などの重要拠点が大きな被害を受けた場合、中枢機能が停止する可能性があるが、それは企業・組織にとって事業継続上の重大な制約要因となるため、これを防ぐ戦略・対策が必要である。

---

[48] 例えば、被害が軽微な場合は現地復旧、甚大な場合には現地に戻ることを前提とした代替拠点での対応、壊滅の場合は現地復旧を考えない代替拠点での対応、あるいは事業から撤退などが考えられる。
[49] 被害抑止・軽減策として、地震については、建物や施設の耐震化、機器・設備等の転倒防止など、水害については、設備の設置階の見直し、火災については、防火対策一般、テロについては警備強化などが該当する。
[50] 自社単独で確保するほか、経営統合や合併により元の他社の拠点を自社のものとして活用する等の方法もある。
[51] このほか、機械あるいは情報システムの利用から手作業などへの手法の変更などによる提供などもある。

4.2.2.1 本社が被災した場合の対策

本社（または自社の中枢機能を担っている拠点）の現地復旧戦略として、建物・施設に対して想定する発生事象（インシデント）からの被害を軽減する対策を講じることは、最も基本的な戦略であり、従業員等の生命・身体を守る観点からも重要である。しかし、何らかの被害により本社が使えなくなることも必ず想定すべきであり、代替戦略として、同時に被災しない拠点を代替拠点として確保する必要がある。[52]

さらに、企業・組織の中枢機能とは、経営者を含む対策本部、財務、経理[53]、人事、広報等の各部署に担われるものであり、それらが機能するために不可欠な要員、設備等の経営資源が確保されなければならない。そこで、緊急参集及び迅速な意思決定を行える体制や指揮命令系統（代理体制等を含む）の確保[54]を行うとともに、特に通信手段、電力等の設備、ライフライン確保の対策が必要となる。

4.2.2.2 情報発信

不測の事態に直面したとしても、企業・組織の活動が利害関係者から見えない、何をしているのか全くわからないといった、いわゆるブラックアウトを起こすと、取引先が代替調達に切り替えるなど、自社の事業継続に不利な状況が進む。復旧可能性の情報を発信できずに時間が経過すると、社会的責任を果たせないことにつながる。

このような状況を防ぐため、取引先、顧客、従業員、株主、地域住民、政府・自治体などへの情報発信や情報共有を行うための自社内における体制の整備、連絡先情報の保持、情報発信の手段確保なども必要である。[55]

4.2.3 情報及び情報システムの維持

今日、重要業務の継続には、自社における文書[56]を含む重要な情報（バイタルレコードともいう）及び情報システムを被災時でも使用できることが不可欠である。重要な情報についてはバックアップを確保し、同じ発生事象（インシデント）で同時に被災しない場所に保存することが必要である。[57] また、重要な情報システムには、必要であれば（特に、汎用的

---

[52] 代替拠点は、従業員等の参集可能性等を考慮し、例えば大都市圏では夜間・休日用と勤務時間内用など、複数用意すべきことも多いので留意する必要がある。場所は、企業の営業所、同業他社や取引先の事務所、商工会議所、社宅、寮などでもよい。また、あらかじめ、どの代替拠点に、誰が、いつ、どのように集合し、どの業務を継続するかを決めておく必要がある。

[53] 災害時においても給与や調達先等の支払いを遅延させることは認められないのが一般的であり、経理会計部門の事業継続への対応を把握しておく必要がある。

[54] 緊急時の対応においては、BCPや防災活動に関する責任者と担当者の役割の明確化は重要であり、後述5.1.1章において説明する。

[55] グローバルに事業展開する企業は、従業員、顧客、取引先などに外国人がいることも考慮し、英語をはじめとする多言語での発信も検討する。また、必要に応じて、情報発信先との時差を考慮することも求められる。

[56] 文書としては、設計図、見取図、品質管理資料等、復旧・代替生産等に必要な文書、内部緊急時の対応においては、BCPや防災活動等に関する責任者と担当者の役割の明確化は重要であり、詳しくは後述5.1.1章において説明する。統制、法令遵守、説明責任確保のための文書、権利義務確定、債権債務確保のための文書などが該当する。

[57] 同時被災しない場所の保存の方法としては、遠隔地の文書・電子データ保存サービスの活用等も含め検討することが推奨される。

でなく特注のシステムである場合には）バックアップシステムも求められ[58]、それを支える電源確保や回線の二重化を確保することも重要である。

なお、情報のバックアップについては、平常時に使用している情報データが失われた場合に、どれくらいの期間のデータ損失を許容するか[59]を慎重に検討して決定し、それに基づいてバックアップの取得頻度を決定することが重要である。また、代替設備・手段から平常運用へ切り替える際に、データの欠落や不整合による障害を防ぐための復帰計画も必要である。[60]

4.2.4　資金確保

企業・組織が被災すると、収入が減少または一時停止する一方で、給与や調達先等への支払いは継続しなければならず、資金繰り（キャッシュフロー）の悪化が懸念される。東日本大震災においても、キャッシュフローの停滞による資金不足が原因で倒産した企業は多かった。また、被害の復旧や代替拠点の立ち上げ等のため、臨時的な資金がかなり必要になる。さらに、被災時の資金確保のみでなく、平常時の事前対策のための資金も重要である。

そこで、企業・組織にとって、資金的及び財務的な対応が必要になる。このため、企業・組織自身が、日頃から危機的事象に対応するための最低限の手元資金を確保するよう努めるとともに、以下のような民間や政府・自治体の災害時融資など、諸制度を調査・検討するとよい。[61]

> 保険、共済、デリバティブ、災害時融資予約、災害時ローンなど（ただし、事前に契約が必要）
> 事前対策に活用できる融資（BCM格付融資、BCPの支援ローン等）[62]

また、平常時から金融機関や取引先、親会社と資金面でのコミュニケーションを持つことも重要である。さらに、被災時に支払い期限の延長や期限前の現金回収が可能な取引先を選別し、提携しておくなどの方法も検討できる。

4.2.5　法規制等への対応

想定する発生事象（インシデント）により企業・組織が被害を受けたとしても、法令や条

---

[58] バックアップシステムに関しては、経済産業省の「事業継続計画策定ガイドライン」（企業における情報セキュリティガバナンスの在り方に関する研究会報告書・参考資料）、「IT サービス継続ガイドライン」などを参照されたい。

[59] 失ったデータを過去のどの時点まで復旧させるか（例えば、1週間前のデータまで、1日前のデータまでなど）の目標値を、目標復旧時点（Recovery Point Objective、RPO）と呼ぶ。データは直近まで復旧させるのがもちろん望ましいが、相応して対策費用が高くなる場合が多い。

[60] 復帰計画の内容には、例えば、①受注売上システムのバックアップシステムを稼働させた場合に経理システムとの整合性をとる、②手作業で事務処理を行った場合、情報システム復旧後もすぐに入力処理は行わず、手作業で行った処理がシステムへ反映されたことを確認する、などがある。

[61] 建物や財物に関する火災保険に地震や水害の場合の支払いも可能とする特約を付けることが可能である。また休業による「営業利益」、「従業員給与等の経常費」を支払う利益保険や営業継続費用保険などもある。保険以外でも地震デリバティブなどの証券化商品も開発されてきている。大企業向けには、コミットメントライン（確約付き融資）、ボンドなどもある。なお、保険金は資本に充当できる一方、ローンはいずれ返すべき負債になるものであることに留意する。

[62] BCM格付融資が日本政策投資銀行により実施されており、地方銀行等からも支援策が打ち出されている。

例による規制その他の規定は遵守する必要がある。[63] しかし、これらの規制等は基本的には平常時を想定している場合が多く、被災時の事業継続において、完全な遵守が難しい場合や、早急な事業復旧を図るためにこれら規制の緩和が望まれる場合もあり得る。そこで、このような懸念がある場合、必要に応じて、平常時から他企業・業界と連携し、関係する政府・自治体の機関に要請して、緊急時の緩和措置等について検討しておくことが望ましい。

4.2.6　行政、社会インフラ事業者の取組との整合性の確保

　企業・組織は、事業継続の取組を有効なものとするため、自らのBCP・BCMを、政府・自治体、指定公共機関等の社会インフラ事業者のBCP・BCM、防災業務計画、地域防災計画等と整合性を持たせるよう努めることが重要である。また、政府・自治体や社会インフラ事業者の側も、地域における企業・組織のBCP・BCMを意識し、それを考慮した計画となるように努力すべきである。

4.3 地域との共生と貢献

　緊急時における企業・組織の対応として、自社の事業継続の観点からも、地域との連携が必要である。[64]重要な顧客や従業員の多くは地域の人々である場合も多く、また、復旧には、資材や機械の搬入や工事の騒音・振動など、周辺地域の理解・協力を得なければ実施できない事柄も多いためである。

　したがって、まず、地元地域社会を大切にする意識を持ち、地域との共生に配慮することが重要である。地域社会に迷惑をかけないため、平常時から、火災・延焼の防止、薬液噴出・漏洩防止などの安全対策を実施し、災害発生時には、これらの問題の発生有無、建造物が敷地外に倒壊する危険性の有無などを確認することが必要である。危険がその周辺に及ぶ可能性のある場合、住民に対して、危険周知や避難要請、行政当局への連絡など、連携した対応をとるべきである。さらに、各企業・組織が自己の利益のみを優先し、交通渋滞の発生、物資の買占めなど、地域の復旧を妨げる事態につながることは避けるべきである。

　また、企業・組織は、地域を構成する一員として、地域への積極的な貢献が望まれる。地元の地方公共団体との協定[65]をはじめ、平常時から地域の様々な主体との密な連携が推奨される。[66] さらに、被災後において、企業・組織が応急対応要員以外の従業員に当面の自宅待機を要請すると、自宅周辺の人命救助、災害時要援護者の支援などに貢献する機会を作ることにもなり、都市中心部の場合には、混雑要因の緩和にもつながる。[67]

　社会貢献としても、従業員個人の自主的なボランティア活動を促進させる上で、企業・組

---

[63] グローバル企業は、必要に応じて、海外との法令の違いを考慮することも求められる。

[64] 現地復旧の場合に限らず、代替拠点に移動する場合においても、将来戻る可能性を考慮し、経営判断によって地域との関係を維持向上する戦略を考えるべきである。

[65] 協定の内容は、水・食料の提供、避難所の提供、復旧作業への協力、機器の修理、物資の運送、技術者の派遣など、多様なものが想定される。

[66] 自治会やNPOに対して、集会場所・展示物を提供したり、講師の派遣やセミナーを共催すること等も考えられる。

[67] 特に大都市圏では、従業員に無理な出社指示を出すと、救援活動の交通への支障、水や食糧の不足、トイレやゴミの対応の困難などが予想される。

織におけるボランティア休暇制度の普及が期待される。[68]

　なお、地元地域の側においては、企業・組織が地域貢献を行うことと、当該企業・組織が事業継続のために代替拠点へ移転することは切り離し、その経営判断に理解を進めることも望まれる。地元に拠点のある企業・組織が、BCP発動により別拠点でも生き残ってこそ、地域に戻ることも可能となり、また、それが地域の復興にもつながると考えられる。

---

[68] 企業の社会貢献の例として、義援金・物資の提供、帰宅困難者等への敷地や建物の一部開放、被災地域の災害救援業務を支援するために必要とされる技術者の派遣等がある。また、被災時に救護場所や避難場所となる可能性が高い施設を企業が有する場合、当該施設の自家発電・自家水源・代替燃料などを平常時から確保することが望ましい。

V　計画の策定

前章の戦略・対策の決定を踏まえ、以下の計画を策定する。

① 事業継続計画
② 事前対策の実施計画
③ 教育・訓練の実施計画
④ 見直し・改善の実施計画

5.1 計画の立案・策定

5.1.1 事業継続計画（BCP）

事業継続計画（BCP）は、従来、我が国では、BCMとほぼ同じ意味で使われることが多かったが、本ガイドラインでは、近年、国際的にも使われているBCPの意味、すなわち、危機的事象の対応計画を指すものと定義する。[69]これには、被災後に、重要業務の目標復旧時間、目標復旧レベルを実現するために実施する戦略・対策、あるいはその選択肢、対応体制、対応手順等が含まれる。

BCPにおいては、特定の発生事象（インシデント）による被害想定を前提にするものの、BCMが「どのような危機的事象が発生しても重要業務を継続する」という目的意識を持って実施されることも認識し、被害の様相が異なっても可能な限り柔軟さも持つように策定することが推奨される。さらに、予測を超えた事態が発生した場合には、策定したBCPにおける個々の対応に固執せず、それらを踏まえ、臨機応変に判断していくことが必要となる。これらを含め、BCPが有効に機能するためには、経営者の適切なリーダーシップが求められる。

5.1.1.1 緊急時の体制

企業・組織は、不測の事態に対応するべく、事業継続のための緊急的な体制を定め、関係者の役割・責任、指揮命令系統を明確に定め、また、その責任者は、経営者が担う必要がある。また、重要な役割を担う者が死傷したり連絡がつかなかったりする場合に備え、権限委譲や、代行者及び代行順位も定める。[70] 緊急時には非日常的な様々な業務が発生するため、全社の各部門を横断した、事業継続のための特別な体制を作ってもよい。[71]

また、災害時の初動対応や二次災害の防止など、各担当業務（5.1.1.2章を参照）、部署や班ごとの責任者、要員配置、役割分担・責任、体制などを定めることも必要である。

---

[69] 我が国では、BCPは「BCM全体の内容の含む計画文書」として広義の意味で使われることがこれまで多かったが、ISOの規格や多くの海外のBCM規格等では、「被災時における重要業務の継続行動の計画文書」として狭義の意味で使われている。すなわち、事前対策計画、教育・訓練計画、見直し・改善計画等を含まない。
[70] 経営者が参集できない場合でも、重要事項の決定をできるだけ経営者自らが行えるよう、経営者との通信手段を多重化しておくことが推奨される。
[71] 体制は日常の組織をそのまま用いる方法と、例えば、情報収集、分析評価、後方支援、実施対応、情報発信などの機能別に組織を立ち上げる方法がある。また、被災状況に応じて、現地対策本部を構築したり、お客様対応チーム、被災従業員支援チームなど状況に応じて柔軟に体制を変更したりすることも望ましい。

5.1.1.2 緊急時の対応手順

この対応手順は、重要業務を目標復旧時間内に実施可能とするために定めるものであり、その目的意識を強く持ち続ける必要がある。また、事象発生後においては、時間の経過とともに必要とされる内容が当然変化していくため、それぞれの局面ごとに、実施する業務の優先順位を見定めることが重要である。

初動段階で実施すべき具体的な事項のうち、手順や実施体制を定め、必要に応じてチェックリストや記入様式を用意すべきものを、次の表に例示する。なお、これらの事項の実施について時系列で管理ができる全体手順表なども用意しておくとよい。

なお、3.2章のリスク分析・評価で把握した企業・組織自らが被害を受ける可能性がある事象のうち、風水害等の事前に被害を受ける可能性が推察できる事象については、例えば、台風、大雨、大雪等に係る気象警報や公共交通機関の計画運休などの社会における事前対応を踏まえて、被害発生前の予防的な行動の内容や基準についても全体手順表などに記載することが望ましい。これには、例えば、安全確保の観点及び交通機関の計画運休等による通勤、退勤の困難への対応のため、計画休業、被災可能性がある店舗等に柔軟な対応を認めること等の伝達、早期の判断によるテレワーク実施、特別休暇制度の推進等による外出抑制対応の決定などが含まれる[72]。

表 5.1.1.2-1 初動段階で実施すべき事項の例

実施主体	実施事項	
	項目	詳細
対策本部（本社及び各拠点）	● 参集及び対策本部の立ち上げ・指揮命令系統の確立	● あらかじめ定められた参集基準に基づき、参集対象者は所定の場所への参集（※安全確保の観点等から必要に応じて参集対象者の出社を抑制） ● 参集後における、対策本部の迅速な立ち上げ ● 参集場所が利用できない場合は、代替拠点へ参集
	● 建物、設備、従業員等経営資源の被害状況の確認	● 建物、構築物、設備、作業現場等の被害確認 ● 従業員等の安否確認[73] を実施、結果を集約
	● 顧客・従業員の安全確保及び物資配給	● 避難が必要な場合、顧客・従業員の避難誘導 ● 水・非常用食料等の必要な物資を配給（備蓄の活用、必要に応じ追加調達）

---

[72] この災害発生前の備えや発生後の行動の記載については、災害発生時の状況をあらかじめ想定し、共有した上で、「いつ」、「誰が」、「何をするか」に着目して、発信すべき情報や実施すべき行動などを時系列に整理したタイムラインと同様の趣旨のものとなる。

[73] 安否確認は、事業継続のために稼動できる要員を把握する意味においても重要である。

			●	必要な場合、安全な帰宅方法の指示や、かえって帰宅することが危険な場合の待機指示
	● 二次災害の防止		●	落下防止、火災の防止（ガス栓の遮断・確認等、必要なら一部電源の遮断を含む）、薬液漏洩防止、危険区域の立入禁止など、安全対策の実施
			●	危険が周辺に及ぶ可能性のある場合、住民への危険周知や避難要請、行政当局への連絡
	● 自社の状況についての情報発信		●	連絡手段の確保
			●	社内の被害状況等の情報集約
			●	社内外の必要な相手先に対し、自社の状況についての情報発信（連絡先一覧による[74]）
	● 事業継続計画（BCP）の発動		●	初動が落ち着いた後、然るべき権限者は、あらかじめ定められた基準に基づき、事業継続計画（BCP）発動の要否を判断し、発動となった場合、事業継続体制へ移行（次表を参照）
	● 対応の記録		●	実施した対応や、発生した問題点等の記録[75]
各従業員	● 自身及び周囲の安全確保（勤務先、出先、自宅[76]で共通）		●	身の安全を確保した後、初期消火、周囲のケガ人や閉じ込め者の救出（救出用資材を活用）
			●	周囲の状況を確認し、必要な場合には避難
	● 自身の安否についての報告（同上）		●	定められる方法に基づき、自身及び家族の安否の報告

　初動対応が落ち着いたら、事業継続対応に移行する。この対応を行うに当たり実施すべき事項のうち、手順や実施体制を定め、必要に応じてチェックリストや記入様式を用意すべきものを、次の表に例示する。また、これらの事項の実施について時系列で管理ができる全体手順表なども用意しておくとよい。

表 5.1.1.2-2 事業継続対応において実施すべき事項の例

実施主体	実施事項	
	項目	詳細

---

[74] 顧客、取引先、関連先、行政、広報先となるマスコミなどの連絡先一覧を作成し、確実に更新しておく。
[75] 発生事象（インシデント）が落ち着いた後で、振り返りや反省を可能とするため、事象発生後の対応を記録することが重要である。あらかじめ記録する項目を明示したフォーマットを用意しておくことを推奨する。
[76] 自宅については、夜間、休日の在宅のほか、早期帰宅した場合や自宅待機中の場合を含む。

対策本部・事業継続組織（本社及び重要業務の拠点）	● 自社の事業継続に対して、求められている事項の確認、調整	● 重要な製品・サービスの供給先や関係当局との連絡、WEB サイトによる通達や告示の閲覧等により情報収集 ● 自社の事業継続に対して、求められている事項の確認、必要に応じて相手方と調整
	● 現拠点、代替拠点での事業継続の能力・可能性の確認	● 自社の経営資源の被災状況、調達先やサプライチェーンの状況等、必要資源の確保可能性の確認 ● 情報のバックアップ、バックアップシステムの保存、稼働の状況の確認 ● 復旧資材の必要性・入手可能性の把握 ● 必要なら、被災拠点に先遣隊や調査隊の派遣 ● 現拠点での復旧可能性や復旧可能時間の見積もり ● 代替拠点や OEM その他の提携先の状況確認 ● 必要なら、代替拠点での業務立ち上げ時間等の見積もり
	● 実施する戦略や対策の決定	● 実施する復旧、代替等の戦略を決定（現地復旧、代替拠点活用、OEM 等の提携先活用等） ● 基本方針、目標、対策の優先順位を決定 ● 戦略に基づき実施する主要な対策の決定
	● 業務の継続・再開	● 業務の継続・再開に向けた各対策を実施（現拠点の復旧手順、代替拠点の立ち上げ手順、バックアップシステム立ち上げ手順等を活用）（※必要に応じて従業員・顧客の安全確保が前提であることの認識の徹底） ● 重要業務に関係する主体との連絡調整 ● 対策実施状況の進捗管理及び追加指示 ● 臨時予算の確保 ● 業務の継続・再開・復旧の状況把握
	● 自社の状況についての情報発信	● 対外的に発信すべき情報の集約・判断 ● 取引先、消費者、従業員、株主、地域住民、地方公共団体などに対して、自社の事業継続の状況について情報発信

	● 平常時の体制への 復帰	● 臨時あるいは当面の業務実施の方法・体制を 平常時の方法・体制に復帰[77]
	● 対応の記録	● 実施した対応や発生した問題点等を記録

5.1.2 事前対策の実施計画

　前章で戦略とともに決定した対策で、平常時から順次実施すべきもの（いわゆる事前対策）について、必要に応じて詳細な内容を詰め、実施のための担当体制を構築し、予算確保を行い、必要な資源を確保し、調達先・委託先を選定する必要がある。そこで、これらについて、その実施スケジュールを含め、具体的な「事前対策の実施計画」を策定する。実施することが多い主な事前対策としては、以下を例示できる。特に、決定された目標復旧時間、目標復旧レベルを達成できるようにする前提として早急に実施すべきとされた事前対策は、実施が遅延しないよう十分留意しなければならない。

- 対応拠点（本社内など）、代替拠点等でのマニュアル、パソコン、電話回線、机、各種書類、事務機器、設備などの設置または確保
- 通信、電源、水をはじめライフラインの代替対策（自家発電、回線多重化など）
- 現拠点の建物、設備等の防御のための対策（耐震補強、防火対策、洪水対策、テロ対策など）
- 情報システムのバックアップ対象データ、バックアップ手順、バックアップシステムからの復帰手順の決定
- 重要な情報・文書（バイタルレコード）のバックアップの実施
- 代替拠点での代替供給体制の整備を含む業務拠点の多重化・分散化
- テレワークのための環境の整備（在宅勤務用パソコン、リモートアクセス環境、情報セキュリティ対策等）
- 調達先（原材料、部品、運輸その他のサービス）や販売先の複数化
- 提携先の選定と協定等の締結（OEM、支援協定の締結等）
- 在庫の増強や分散化
- 代替人材の確保・トレーニング
- 資金確保対策
- 備蓄品[78]、救助用器具等の調達

5.1.3 教育・訓練の実施計画

　自社の事業継続を実現するには、経営者、その他の役員、従業員が、BCMにおける各役割

---

[77] 復帰の方法については、被災後に詳細を検討すればよい業務も多いが、少なくとも、情報システムに関しては、平常時から復帰の手順を準備し、訓練しておくことが重要である。

[78] 備蓄品の品目及び数量については、企業・組織の拠点が所在する地域の地方公共団体が制定する条例等を参考とし、企業特性に応じた備蓄方法を検討する。例えば、東京都帰宅困難者対策条例では、事業者に対して、従業員が施設内に留まれるように、必要な3日分の飲料水や食料等を備蓄することを努力義務として規定している。

に応じて、一定の能力・力量を持つことが必要である。そこで、これらを獲得できるよう、教育・訓練を行うことが求められる。その体系的かつ着実な実施のため、教育・訓練の実施体制、年間の教育・訓練の目的、対象者、実施方法、実施時期等を含む「教育・訓練の実施計画」を策定する必要がある。

なお、BCMの実効性を維持するためには、体制変更、人事異動、新規採用等による新しい責任者や担当者に対する教育が特に重要であり、これらへの対応も本計画において十分踏まえる必要がある。

教育・訓練の方法、行うべき具体的内容については6.2章で後述する。

5.1.4　見直し・改善の実施計画

BCMの点検、経営者による見直し、継続的改善等を確実に行っていくため、「見直し・改善の実施計画」を策定し、体制、スケジュール、手順を定め、それに基づき見直し、改善、着実に実施していく必要がある。定期的に実施すべき点検や見直しもあれば、必要に応じて随時行うべき見直しもある。BCMの見直し・改善において行うべき内容、手順等については、Ⅶ章で後述する。

なお、この計画は、経営者による見直しや継続的改善を含むものであるため、経営者が了承した企業・組織全体の経営計画の中に含まれるべきものである。[79]

5.2　計画等の文書化

5.1章で策定した計画については、必要なものは確実に文書化する。計画内容を確実に実施し管理するため、また、教育や担当者の引き継ぎ等のためには、計画が文書化されていることが必要である。ただし、どこまで詳細に文書化するかについては、企業・組織として適切に判断することが推奨される。

企業・組織全体としてBCMを進めている場合、必要に応じ、部門や拠点別、役割別にも計画書として文書に落とし込むことが重要である。また、実際の作業を円滑にするために、マニュアル、チェックリスト等も必要に応じて作成する。[80、81]

一方で、文書は継続的に最新の内容として維持していかなければならないものである。[82]また、実際の被害が想定と異なる場合、BCPの内容を柔軟に応用する必要性を考慮すれば、文書の重要性はその緻密さにあるのではなく、対応者の行動を有効にサポートすることにある。いずれにせよ、文書化自体が目的とならないよう、十分に注意する必要がある。

---

[79] BCMの改善は、企業・組織の事業計画等の企画立案に合わせて実施していくことが重要である。例えば、会社の主な経営サイクル（会計年度・決算期・営業報告など）に合わせて実施することが望ましい。
[80] 緊急時には、マニュアルをその場でひも解いている時間がない。そこで、指揮をとる責任者用に、方針や方向性の確認、不可欠な実施項目の進捗管理用にチェックリストを作成するとよい。また、各担当者にとっても、緊急に実施すべき作業のチェックリストを準備しておくことが有効である。
[81] 例えば、製品の代替生産を行う場合は、マテリアルハンドリングに関する図面や指示書等が必要であるなど、平常時には使用しないが被災時には不可欠となるマニュアル等があることに留意する。
[82] 計画やマニュアルの更新や改善の作業において、担当者が交代すると、詳しすぎる文書はかえって理解を阻む懸念もあり、更新作業も膨大になる。維持管理・継続的改善がやりやすい文書であることが求められる。

さらには、緊急時に使用するBCP（の一部）、マニュアル等は、対応者に配布し、常に活用できるよう適切に管理させることが重要である。[83]

---

[83] BCP（の一部）は、夜間休日に不測の事態が発生することを想定して、キーパーソンには自宅にも配布することが有効である。ただし、個人情報の流出等の危険を考慮し、個人情報を必要最小限にして配付するなどの工夫をするとよい。

VI 事前対策及び教育・訓練の実施

6.1 事前対策の実施

5.1.2章にて策定した事前対策の実施計画に基づいて、担当部署及び担当者は、それぞれの事前対策を確実に実施する。[84] また、各部局が実施する事前対策は、その部局の管理者が進捗を管理するとともに、BCM事務局としても進捗を確実に管理する。[85] なお、ここで、BCP等の策定が終了し、分析・検討に当たってきた事務局やプロジェクトチームの作業は一段落することになるが、この体制については、単に解散するとノウハウの散逸をまねくことが多いことから、全社的な体制として発展的に維持し[86]、事前対策及び教育・訓練の実施以降における体制とすることが強く推奨される（2.2章参照）。なお、この事前対策及び教育・訓練の実施や見直し・改善の重要性に着目したことは、本ガイドラインの改定において、BCPをBCMの概念に転換した大きな理由のひとつである。

6.2 教育・訓練の実施

6.2.1 教育・訓練の必要性

BCMを実効性のあるものとするには、経営者をはじめ役員・従業員に事業継続の重要性を共通の認識として持たせ、その内容を社内に「風土」や「文化」として定着させることが重要である。BCP を紙面や社内向け HP などに記載して周知するだけでは、全ての関係者が実践できると考えるのは現実的でない。継続的な教育・訓練の実施が不可欠である。[87]

具体的には、対象者に、BCM の必要性、想定される発生事象（インシデント）の知識、自社の BCM 概要、各々に求められる役割等について習得させ、認識や理解を高める教育を行い、さらに、訓練を実施する必要がある。訓練の目的は、

- 対象者が知識として既に知っていること（バックアップシステムの稼動方法、安否確認等）を実際に体験させることで、身体感覚で覚えさせること
- 手順化できない事項（経営者の判断が必要な事項、想定外への対応等）について、適切な判断・意思決定ができるようにする能力を鍛えること
- BCP やマニュアルの検証（これらの弱点や問題点等の洗い出し）をすること

などである。

また、有事にはマニュアル等を読んで理解するだけの時間的余裕がないことも多いため、有事の対応業務の実施にはBCPやマニュアルを熟知した要員をあらかじめ育成しておくことが重要である。

---

[84] 実施した対策により、復旧の早期化、復旧レベルの向上等を図ることができる。この効果についても、次項の訓練等で確認することが推奨される。

[85] 進捗の遅れている対策や実施不可能となった対策は、BCMの見直し・改善における重要な評価・検討事項となる。

[86] 各部局からBCP等の策定のため派遣されたメンバーは、兼務でも良いので引き続き運用体制に残すなどの方法も検討すべきである。担当者を一度に変更、あるいは体制の縮小により、詳細の引き継がれない状況が発生することは避けることが望ましい。（脚注21も参照）

[87] 企業では人事異動が常であるほか、事業部の再編成等の組織改変も多いため、これらの変動に対応するためにも、教育・訓練の適時の実施が重要である。

さらには、有事の事業継続においては地域や調達先、政府・自治体、指定公共機関等との連携が必要となる可能性が高いため、関連する他の企業・組織との連携訓練も実施することが望ましい。

6.2.2　教育・訓練の実施方法

教育・訓練には、講義、対応の内容確認・習得、意思決定、実際に体を動かす等、対象や目的に合わせて様々な教育・訓練を行うことが重要である。実施方法を下表に例示する。実施のタイミングは、定期的（年次等）に行うほか、体制変更、人事異動、採用等により要員に大幅な変更があったとき、さらに、BCPの見直し・改善を実施したときに行う。

いずれの教育・訓練方法についても、その有効性を評価するため、目標を明確に定め、その達成度を評価する方法をあらかじめ決めておくことが必要である。

表 6.2.2-1 教育・訓練の実施方法の例[88]

		概要	実施方法（例）
教育	1.	基礎知識の提供	● 事業継続の概念や必要性、想定する発生事象（インシデント）の概要など ● 講義、eラーニング等による
	2.	自社のBCMの周知	● 講義、ワークショップ、eラーニング等による
	3.	最新動向の把握	● 専門文献や記事の購読 ● 外部セミナー、専門講座、ワークショップ等への参加等による
訓練	4.	代替要員の事前育成・確保	● クロストレーニング：欠勤者が出た場合にその重要業務の代替を可能とするため、他の重要業務の担当者とお互いに相手方の業務を訓練する
	5.	BCP、マニュアルの内容の理解促進	● 内容確認（ウォークスルー）：BCPやマニュアルに基づき、役割分担、手順、代替先への移動、確保資源の確認等を机上訓練などにより行う
	6.	手順書、マニュアルの習熟	● 反復訓練（ドリル）：重要な動作等を繰り返して行うことで身に付ける実働訓練で、避難訓練、消防訓練、バックアップシステム稼動訓練、対策本部設営訓練などがある

---

[88] 訓練の分類方法については、机上訓練、リアルタイム訓練など実施形式に着目して分類する方法などもあり、ここでの分類方法は一例である。

7. 事業継続能力の確認・向上、及び意思決定のための訓練	以下のような様々な訓練の要素を適宜組み合わせ、実効性の高い訓練を実施する
	● 災害模擬演習（モックディザスター）：模擬的に緊急時を想定した状況下において判断・対応を体験する
	● 状況想定訓練（シミュレーション）：緊急時に発生する様々な状況を想定し、実際に対応できるかを確認する
	● 役割演技法訓練（ロールプレイング）：緊急時に状況が変化する中で、それぞれが各役割に応じた対応や意思決定を模擬的に行う
	さらには、発展的な訓練として以下のような訓練がある
	● 総合演習（フルスケールエクササイズ）：机上訓練と実働訓練を組み合わせ、模擬負傷者の救護・搬送、代替場所への移動、目標復旧時間内での業務再開など、対応力を確認する。限りなく現実に近い状況を想定し、実際に活用する環境等で実施する
	● 業界・市場をあげた連携訓練：同業他社や他業界、複数の取引先なども含めて行う

　教育・訓練を実施した結果、発見された弱点、問題点、課題等について、経営判断を待つ必要がない実務的なものは、後述7.1章の点検・評価を経て是正を行う。経営判断が必要と考えられる重要なものは、後述7.2章の経営者による見直しのプロセスに持ち込み、BCM事務局等による評価・検討の上、経営者と議論して判断を仰ぎ、必要な是正・改善を行うこととなる。[89]、[90]

---

[89] なお、教育・訓練、演習、試験などの用語の定義については、国際的な動向（ISO22398:FDIS）等も踏まえるべきであるが、本ガイドラインでは、日本国内における一般的な分かりやすさを優先し、厳密な使い分けはしない。
[90] ISO22301では、ここで記述した対応は、演習及び試験を実施し、その結果を経営者の見直しにかけ、継続的な改善に結び付けるといった表現を用いている。

Ⅶ 見直し・改善

各部局 BCM 担当者や BCM 事務局は、BCM の有効性低下や BCP の陳腐化を防ぐため、 BCP を含む BCM の内容や実施状況等について、定期的（年１回以上）に点検を行う必要がある。

また、経営者は、BCM の見直しを、自社の事業戦略や次年度予算を検討する機会と連動して、定期的（年に１回以上）に行う必要がある。加えて、自社事業、内部または外部環境に大きな変化があったときにも見直しを行うべきであり、さらに、自社が BCP を発動した場合もその反省を踏まえて BCM の見直しを実施すべきである。[91]

続いて、このような点検及び見直しの結果に基づき、BCM の是正・改善を行う必要がある。

7.1 点検・評価

7.1.1 事業継続計画（BCP）が本当に機能するかの確認

企業・組織は、策定したBCPによって重要業務が目標復旧時間や目標復旧レベルを本当に達成できるかを確認する必要がある。まず、達成の前提として実施が決まっていた事前対策の進捗を確認し、その効果が発揮されるかを確認（試験）することが重要である。さらに、例えば、復旧に必要な資機材がBCPに定めた時間内に調達できるか、情報システム停止に備えて手作業で業務処理を行うと定めている場合、その業務処理量が計画通りであるかなど、達成可能性を左右する事項を調査する。

また、緊急時には調達可能な経営資源は限られると想定されるが、その配分の妥当性において、BCP策定段階では十分判断されていない懸念もあるので、広い視野で全体を見据えて検証することが推奨される。

6.2章の訓練をこれらの確認の目的でも実施し、その結果から確認する方法も推奨される。

7.1.2 事業継続マネジメント（BCM）の点検・評価

BCM においては、まず、人事異動や取引先の変更等による当然必要な修正が行われているかの点検が定常的に必要な事項となる。また、事業所、製造ライン、業務プロセス等の業務実施方法の変更、新製品・サービスの提供開始、新たな契約締結などの事業の変化、利害関係者からの要求、法令改正などの環境変化、その他様々な要因に対して、BCM が合致しているか、必要な変更が行われているかの視点からも点検・評価を行う。さらには、取引先の点検等、サプライチェーンの視点で点検・評価を行う必要もある。

加えて、自社の BCM において想定している発生事象（インシデント）の種類や被害想定を拡大・拡充すべきではないか[92]、BCM の対象事業の種類や事業所の範囲などを広げるべきではないか等の BCM の拡充における観点での点検・評価を行うことも必要である。

さらに、BCMが進んでいる企業・組織においては、監査の活用も有効である。以下の事項などについて、適切性・有効性等の観点から検証するため、年１回以上定期的に行うことが

---

[91] BCP発動には至らない日常的な事業継続上のトラブルが発生した場合にも、見直しを行うことが望ましい。また、一定の関係のある他の企業のBCP発動が、自社のBCPやBCMの見直し・改善の機会になることもある。
[92] 政府の被害想定や新たな脅威の発生などがあれば、合わせて考慮することが推奨される。

考えられる。[93]

- 事前対策、訓練、点検等がスケジュール通り実施されているか、予算は適切に執行されているか
- 事業継続戦略・対策は有効か、費用対効果は妥当か
- 教育・訓練は目標を達成しているか
- 業界基準やベストプラクティス等と比較して重大なギャップはないか
- 自社の事業継続能力が向上しているか

　監査には、社内の要員で実施する内部監査と、外部機関による外部監査とがある。監査の結果は経営者に報告されるべきであり、これをBCMの改善に役立てることとなる。

7.2　経営者による見直し

　BCM事務局は、準備として、前回の経営者による見直しにより指示された事項、その後のBCMの進捗状況、点検の結果、訓練の結果などから明らかになったBCMの弱点、問題点、課題、現状の対策では未対応である残存リスク[94]等を整理する。そして、その中から経営者と議論し判断を仰ぐべき内容を選定する。

　一方で、経営者は、率先して、BCM事務局に対してBCMの見直しの要点をあらかじめ指示することも考えられる。特に、自社事業、経営環境、利害関係者からの要求の変化などには経営者としても十分留意し、これらとBCMが適合しているかについて見直していく必要がある。さらに、BCMについて監査が行われている場合には、経営者が監査結果の報告を受け、見直しの議論内容を把握する。

　そして、経営者は、十分な時間を確保し、BCM事務局からの説明を受け、必要な議論や評価を行い、自社の事業継続能力の維持・改善のため、自ら率先してBCMの見直しを行うことが必要である。さらに、その結果を踏まえ、経営者として、早急に実施すべき是正措置や対策実施を指示し、また、次年度以降のBCM改善の方向性なども打ち出す必要がある。

7.3　是正・改善

　7.1章の点検・評価で見つかった問題のうち、経営判断を待つ必要がない実務的なものについては、早急に是正すべきである。なお、その内容は、定められた機会にまとめて経営者に報告するとよい。

　また、7.2章の経営者による見直しの結果、経営者から指示された是正措置、対策、改善事項については、対処できるものは迅速に是正する。調査・分析、予算の確保、調整、その他の準備が必要なものについては、BCMの継続的な改善のプロセスに持ち込むとともに、そのBCM事務局等が進捗管理を行うことが必要である。

---

[93] 既に品質マネジメントシステムISO9000、環境マネジメントシステムISO14001、情報セキュリティマネジメントシステムISO27001等を導入している場合、既存のマネジメントシステムに沿った監査を活用すればよい。なお、ISOのこれらマネジメントシステムは、今後、方法の統一化が順次図られる予定である。
[94] 目標復旧時間の達成を阻害するリスクや、現状の事業継続能力では対応が困難な発生事象（インシデント）等、優先

7.4 継続的改善

　経営者、BCM 事務局、さらには企業・組織全体は、BCM が自社の経営方針や事業戦略、BCM の基本方針、目的等に照らして適切なものであるか、BCM の適用範囲や対象リスクなどが妥当なものであるか、また、事業継続戦略や対策が有効なものであるかなど評価し、これらの観点から継続的に改善していかなければならない。

　すなわち、この継続的な改善は、BCM のあらゆるプロセスで行われることが望まれる。このため、経営者及び BCM 事務局は、BCM の重要性を役員・従業員に共通の認識として持たせ、自社の「風土」や「文化」として定着させ、さらには関係する主体との連携も図って、事業継続能力の維持向上を不断の努力として行っていくことが重要である。

順位を下げてこれまで対応を見送っているリスクのことである。

Ⅷ　経営者及び経済社会への提言

本ガイドラインでは、企業・組織が BCP 策定を含む BCM 導入及び実施のために必要な事項、望ましい事項等を記述してきた。

事業継続は、顧客への供給維持、自社の雇用確保、サプライチェーン強化等の視点から、全ての企業・組織が取り組むべきものであり、これは社会的責任の観点からも必要との認識が広がるべきである。

最後に、政府として、企業・組織の経営者の方々及び広く経済社会に対し、事業継続に取り組む上で考慮していただきたいことを提言する。

＜BCM に取り組む必要性・メリット＞

(1)　近年、企業が計画的・組織的に危機的な発生事象（インシデント）への備えを行っていることが、株主、取引先、消費者、行政、従業員、市場などから、従来に増して高く評価されてきている。中でも、諸外国の企業も重視している BCM を推進することが、国際的にも企業価値を高める観点から有効であるとの認識が広がってきている。さらに、事業継続の取組を行うことは、サプライチェーンの視点も含め、産業競争力を強化する上で有効との認識も強まっている。

　　なお、我が国の経済社会にこのような認識が広がることや、このような評価が得られた企業にメリットを与える制度の拡充が望まれる。

(2)　日本企業が抱えるリスクの中でも特に地震リスクは、海外投資家の関心も高い。また、他の発生事象によるリスクへの懸念も高まっている。そこで、投資家その他の利害関係者の懸念を払拭するためにも、地震リスクをはじめとしたこれらのリスクについて、その対応策とともに、有効な方法（例えば、有価証券報告書、営業報告書、社会環境報告書）により積極的に開示することが望まれる。

　　なお、このような開示の姿勢が企業・組織の評価を高めるようになってきている。

(3)　不測の事態における事業継続の戦略・対策を検討することで、企業・組織にとって重要な業務、資源、プロセス、調達先等の優先順位を把握することができ、それが、平常時の経営改善にも活用でき、様々な環境変化へのスピードが向上することから、経営上も有益である。

　　なお、この認識が、経営者や経済界に一層広がることが望まれる。

＜BCM の見直し・改善を行う必要性＞

(4)　企業・組織の事業内容や業務体制、内外の環境は常に変化している。したがって、BCP・BCM の点検や改善がこれらに追い付かず、有効性が低下する懸念が常に存在している。これを防止するため、経営者が率先して、BCM の定期的及び必要な時期で

の見直しと、継続的な改善を実施することが必要である。

(5) 想定を超える大災害や予測不能な事件の可能性も考慮すれば、完璧なBCP・BCMを持つことは現実には不可能に近い。しかし、経営者においては、それを理由に着手を躊躇したり、拡充を放棄したりせず、少しずつでも改善を繰り返しながら、自社の事業継続能力を向上させ続けていく必要性を強く認識すべきである。

(6) BCP・BCMを改善するためには、現実として、個別の取組のみではなく、企業間や企業体などのサプライチェーン連携、あるいは業界や地域などにおける連携を考慮する必要がある。経営者においては、取引先、業界団体、地域関係者などと共同してBCPの訓練やBCMの見直しを行うなど、積極的に取り組むことが望まれる。

＜BCMと共に求められるもの＞
(7) 被災した地元地域との共生は、地域社会の一員であり、地域の従業員や取引先に支えられている企業・組織にとって、自社の事業継続と同じように重要であることは言うまでもない。企業・組織の社会的責任を果たすべきことに加え、事業継続には地域の復旧が前提になる場合も多いことも考慮し、地域の救援・復旧にできる限り積極的に取り組む経営判断が望まれる。

＜経営者に向けて＞
(8) 企業・組織が不測の事態により被害を受けた、あるいは供給途絶に直面した場合、活用できる経営資源に大きな制限が生じる可能性が高い。その場合、限られた人、物、資金などの経営資源をどこに集中的に投入するかの観点から、優先すべき重要業務を真剣に検討し、どの業務をいつまでにどのレベルまで回復させるかを経営判断する必要がある。そして、この重要業務の絞込みは、BCPの発動期間内に限らず、経営戦略の一環として中期的・長期的な観点においても必要となる可能性が高い。これらを経営者として認識すべきである。

(9) 経営者は、BCMの必要性とメリットを十分に理解し、有効なBCMの推進と定着には相当の時間と労力、費用が必要となることを認識して、不断の努力を継続すべきであること、さらにBCM全般において、経営者の的確な判断とリーダーシップが各所に求められていることを、改めて強調する。

首都直下地震の被害想定と対策について

（最終報告）

～　本　文　～

平成 25 年 12 月

中央防災会議

首都直下地震対策検討ワーキンググループ

第1章　検討の背景、想定対象とする地震

第1節　検討経緯、報告の視点

　現行の首都直下地震対策は、平成17年9月に中央防災会議で決定された「首都直下地震対策大綱」をもとに、各省庁、地方自治体、事業者等が施策を推進してきている。

　しかしながら、平成23年3月に発生した東北地方太平洋沖地震を受け、今後の想定地震・津波の考え方として、「あらゆる可能性を考慮した最大クラスの巨大地震・津波」を検討すべきであるとされた。

　このため、平成23年8月に内閣府に設置された「首都直下地震モデル検討会」（座長：阿部勝征東京大学名誉教授、以下「モデル検討会」という。）において、これまで首都直下地震対策の対象としてこなかった相模トラフ沿いの大規模地震も含め、様々な地震を対象に加え、最新の科学的知見に基づき検討が行われた。モデル検討会では、相模トラフのプレート境界で発生する海溝型の大規模地震についてのモデル検討を行い、想定される震度分布や津波高を試算するとともに、これらの大規模地震は数百年単位の周期性を持って発生していることを確認した。

　これを受け、本ワーキンググループは、マグニチュード（M）7クラスの地震のうち、被害が大きく首都中枢機能への影響が大きいと思われる都区部直下地震を防災・減災対策の対象とする地震として設定することとした。また、相模トラフ沿いの海溝型の大規模な地震に関しては、当面発生する可能性は低いが、今後百年先頃には発生の可能性が高くなっていると考えられる大正関東地震タイプの地震を長期的な防災・減災対策の対象として考慮することが妥当とした。

　本ワーキンググループは、被害想定として、これまでのように単に人的・物的被害等の定量的な想定をするだけでなく、防災減災対策の検討に活かすことに主眼を置き、それぞれの被害が発生した場合の被災地の状況について、時間経過を踏まえ、相互に関連して発生しうる事象に関して、対策実施の困難性も含めて、より現実的に想定した。

　本報告に示す「対策の方向性」は、被害の様相で示された新たな課題への対応の必要性を明確化するため、現行の首都直下地震対策大綱に示されている様々な施策は、今後とも継続的に取組んでいくことを前提とし、広範な対策の記述とはせず、新たに検討した被害の様相から示された課題を中心に、特に困難性が伴う事項に関する対策について取りまとめた。

　大規模地震発災時には、自助・共助・公助が一体となることで、被害を最小限に抑えることができるとともに、早期の復旧・復興にもつながるものである。この観点から、本報告が行政のみならず、個別の施設管理者や民間企業、地域、個人が、防災・減災対策を検討する上で、備えるべきことを具体的に確認するための材料として活用されることを期待するものである。

第2節　首都直下のM7クラスの地震及び相模トラフ沿いのM8クラスの地震等について

　首都及びその周辺地域では、過去、M7クラスの地震や相模トラフ沿いのM8クラスの大規模な地震が発生している。首都直下地震モデル検討会（座長：阿部勝征 東京大学名誉教授）では、これらの多様な地震のうち首都直下地震対策を推進すべき地震像・津波像を検討するため、これまでの研究成果を収集し、最近の知見を踏まえたプレート構造や地盤構造等を整理し、過去に発生したM7クラスの地震及び相模トラフ沿いの大規模地震等の

震度・津波高等の過去資料の再現及び最大クラスの地震像等について検討した。そして、これらの検討結果及び最新の科学的知見を基に、防災対策の検討対象とすべき地震及び津波について整理し、報告書としてとりまとめられた（詳細は「首都直下のM7クラスの地震及び相模トラフ沿いのM8クラスの地震等の震源断層モデルと震度分布に関する報告書」（平成25年12月首都直下地震モデル検討会）を参照）。

　本ワーキンググループでは、この報告を基に、防災・減災対策等の検討対象とする地震・津波について整理した。以下に、その報告の概要及び防災・減災対策の検討対象とする地震・津波について示す（図番号は別添資料4の図番号に対応）。

1. 首都直下で発生する地震のタイプ

　首都及びその周辺地域は、南方からフィリピン海プレートが北米プレートの下に沈み込み、これらのプレートの下に東方から太平洋プレートが沈み込む特徴的で複雑なプレート構造を成す領域に位置している（図1）。このため、この地域で発生する地震の様相は極めて多様で、これらの地震の発生様式は、概ね次の6つのタイプに分類される（図2）。

　　　①地殻内（北米プレート又はフィリピン海プレート）の浅い地震
　　　②フィリピン海プレートと北米プレートの境界の地震
　　　③フィリピン海プレート内の地震
　　　④フィリピン海プレートと太平洋プレートの境界の地震
　　　⑤太平洋プレート内の地震
　　　⑥フィリピン海プレート及び北米プレートと太平洋プレートの境界の地震

　この地域に大きな被害をもたらした大規模な地震としては、1923年大正関東地震、1703年元禄関東地震、1677年延宝房総沖地震が知られており、大正関東地震、元禄関東地震は②のタイプの地震で、200年～400年間隔で発生している。これらの地震の発生前にはM7クラスの地震が複数回発生しており、これらのM7クラスの地震のタイプは、③のタイプが多いと考えられているが、どのタイプのものが発生するかは不明である。

　なお、延宝房総沖地震タイプの地震は、⑥のタイプの地震で、津波の規模に比べ地震の揺れが小さい「津波地震」の可能性が高い。この地震の繰り返しは確認されておらず、発生間隔は不明である。

2. 首都直下のM7クラスの地震

　今回の新たな資料等を用いた検討の結果（図3～図6）、前回（中央防災会議（2004））、②のタイプの「東京湾北部地震」及び「多摩地震」を想定した領域は、大正関東地震の断層すべりにより既に応力が解放された領域にあると推定され、このタイプの地震の想定は、茨城・埼玉県境付近で考えられる2つの地震に限定して検討することが妥当と考える。

　前回（2004年）の検討においては、首都地域が、②のタイプの「東京湾北部地震」及び「多摩地震」の震源断層域の直上にあると考えられたことから、③のタイプのフィリピン海プレート内で発生する地震も検討対象としたものの、この地震による震度は、それよりも浅い場所で発生する②のタイプの地震による震度の大きさに包含されると考え、実質的には対象外として扱っていた。

　しかし、②のタイプの地震を想定する領域は首都の周辺域の直下に限定されることから、今回の検討においては、③のタイプのフィリピン海プレート内の地震を、主たる検討対象の地震に加え、検討対象とするM7クラスの地震は次の通りとする（図7～9、表1）。

（1）都区部及び首都地域の中核都市等の直下に想定する地震（12地震を想定）
＜発生場所＞

　　　前回（2004年）の中央防災会議と同様の防災的観点に基づき、以下の場所で発生する

地震を想定した。

○都区部直下の地震（3地震）

首都機能（特に「経済・産業」、「政治・行政」機能）が直接的なダメージを受けることを想定し、都心南部※、都心東部、都心西部の直下に地震を想定。

※都心南部直下地震は、首都機能に加え、南部に位置する新幹線や空港等の交通網の被害、木密地帯の火災延焼の観点から、今回追加。

○首都地域の中核都市等の直下の地震（9地震）

首都地域の中核都市或いは首都機能を支える交通網（空港、高速道路、新幹線等）やライフライン及び臨海部の工業地帯（石油コンビナート等）の被災により、首都機能ダメージを受けることを想定し、さいたま市、千葉市、市原市、立川市、横浜市、川崎市、東京湾、羽田空港、成田空港の直下に地震を想定。

＜想定地震＞

どこの場所の直下でも発生する可能性のあるフィリピン海プレート内の地震、或いは地表断層が不明瞭な地殻内の地震のいずれかを想定する。フィリピン海プレート内の地震は、安政江戸地震を参考に規模はモーメントマグニチュード（Mw）7.3とし、大正関東地震の前のM7クラスの地震が発生している領域を参考に、フィリピン海プレートの厚さが断層モデルを設定できる20km以上の厚さを持ち、かつ震源断層の上端は15kmより深い領域を想定。地表断層が不明瞭な地殻内の地震については、鳥取県西部地震と同じ規模のMw6.8とし、震源断層の上端は5km又は地震基盤+2kmの深い方を想定。そして、これらの両地震の震度分布を比較し、震度が大きい方の地震を想定地震として設定した。具体的な設定は、次の通り。

○フィリピン海プレート内の地震を想定（Mw7.3、10地震）

都心南部直下、都心東部直下、都心西部直下、千葉市直下、市原市直下、立川市直下、川崎市直下、東京湾直下、羽田空港直下、成田空港直下

○地表断層が不明瞭な地殻内の地震を想定（Mw6.8、2地震）

さいたま市直下、横浜市直下

＜震度分布＞

断層の直上付近で震度6強、その周辺のやや広域の範囲に6弱（地盤の悪いところでは一部で震度7）（図10の①～⑫、図11）

（2）フィリピン海プレートと北米プレート境界に想定する地震（2地震を想定）

＜震源断層域＞

最新の知見に基づき、フィリピン海プレート上面における大正関東地震の震源断層域、スロースリップの領域、地震活動の低い蛇紋岩化の領域について検討を行った結果、M7クラスの地震を想定する震源断層域を「茨城県南部」、「茨城・埼玉県境」に設定。

＜地震規模＞

前回（中央防災会議（2004））と同様にMw7.3とする

＜震度分布＞

断層の直上付近で震度6弱、その周辺で5強（図10の⑬～⑭）

（3）主要な活断層に想定する地震（4地震を想定）

＜震源断層域＞

今回の検討では、立川断層帯、伊勢原断層帯、三浦半島断層群主部、関東平野北西縁断層帯を対象とする。なお、関東平野北西縁断層帯（前回検討Mw6.9）については、現在、文部科学省地震調査研究推進本部（以下、「地震調査研究推進本部」という。）で断

層長を含めた検討が進められており、前回の結果を参考に示すに留め、今回は震度分布の推計は行わない。

＜地震の規模＞

地震調査研究推進本部の最新の活断層評価結果を基に設定する。

・立川断層帯の地震：Mw7.1

・伊勢原断層帯の地震：Mw6.8

・三浦半島断層群主部の地震：Mw7.0

・関東平野北西縁断層帯の地震：Mw6.9（前回検討）

＜震度分布＞

活断層の直上付近で震度6強（地盤の悪いところでは震度7）、その周辺のやや狭い範囲で6弱（図10の⑮～⑱）

（4）西相模灘（伊豆半島の東方沖）に想定する地震（1地震を想定）

＜震源断層域＞

関東の南方海域のプレート間のカップリングに関する最近の調査結果より、西相模灘（伊豆半島の東方沖）を震源断層域とする地震を検討対象とする。

＜地震の規模＞

横ずれ型の活断層を想定し、地震の規模はフィリピン海プレートと北米プレート境界の地震と同じ、Mw7.3とする。

＜震度分布＞

伊豆半島東部沿岸で震度6強から6弱（図10の⑲）

（5）フィリピン海プレート内及び地表断層が不明瞭な地殻内の地震の震度を重ね合わせた震度分布

フィリピン海プレート内の地震（Mw7.3）、地表断層が不明瞭な地殻内の地震（Mw6.8）について、地震発生時の応急対策等を検討するため、発生場所を特定した震度分布等を検討した。しかし、これらの地震については、発生場所の特定は困難であり、どこで発生するか分からない。

これらの地震については、上記のケースのみでなく、想定される全ての場所での地震について、それぞれの場所での最大の地震動に備えることが重要であり、これらの最大の地震動を重ね合わせた震度分布を作成した。

（6）M7クラスの地震による津波

地殻内の浅い地震、プレート内地震、活断層の地震、相模灘の地震による津波について津波高を推計した。いずれの場合も東京湾内での津波高は1m以下である。

3．M8クラスの海溝型地震

古文書等の震度、津波高、地殻変動等の過去資料を用い、1923年大正関東地震、1703年元禄関東地震の震度、津波高等を再現する強震断層モデル、津波断層モデルを検討し、1677年延宝房総沖地震については、少ない資料ではあるが、概ね過去資料を再現する津波断層モデルを検討した。

（1）1923年大正関東地震

＜震源断層域＞

相模トラフ沿いの相模湾から房総半島西側の領域

深さはトラフ軸から30～35kmまでの範囲

＜地震の規模＞

Mw8.2（津波断層モデルによる）

<震度分布>
首都地域の広域にわたり大きな揺れが発生（図15〜17）

<津波高>
東京湾内は2m程度或いはそれ以下
東京湾を除く神奈川県、千葉県では6〜8m程度※（図18）

（2）1703年元禄関東地震

<震源断層域>
相模トラフ沿いの相模湾から房総半島南西沖の領域
深さはトラフ軸から30〜35kmまでの範囲

<地震の規模>
Mw8.5（津波断層モデルによる）

<震度分布>
首都地域の広域にわたり大きな揺れが発生（図19〜20）

<津波高>
東京湾内は3m程度或いはそれ以下
東京湾を除く神奈川県、千葉県では10m超す場合あり※（図21）

（3）1677年延宝房総沖地震（Mw8.5）

<震源断層域>
日本海溝、伊豆小笠原海溝沿いの福島県沖から伊豆諸島東方沖の領域
深さは海溝軸から約20〜30kmまでの範囲

<震度分布>
大きな揺れの資料はなく、津波地震の可能性が高い

<津波高>
東京湾内は1m程度、千葉県や茨城県の太平洋沿岸で4〜6m程度※（図22）
※津波高は、切り立った崖等の地形条件によっては2〜3倍程度まで達する場合もある。

4．相模トラフ沿いの最大クラスの地震

　相模トラフ沿いの最大クラスの地震・津波を想定するため、フィリピン海プレートの形状や相模トラフ沿いの海底探査結果、フィリピン海プレート上面の微小地震活動等に基づき、最大クラスの震源断層域の範囲を求めた。
　強震断層モデルと津波断層モデルの設定は、南海トラフ巨大地震における設定方法や、今回過去地震の再現した断層モデルを用いて、以下の通りとする。

（1）強震断層モデル（図24）

○強震動生成域
　大正関東地震、元禄関東地震、並びにプレート境界の地震として想定した茨城県南部、埼玉県南西部地震の強震動生成域を重ね合わせたものとして設定。

○応力降下量
　東北地方太平洋沖地震の強震断層モデルを参考にし、大正関東地震及び元禄関東地震の強震動生成域の応力降下量25MPaよりも2割大きな30MPaに設定。

（2）津波断層モデル（図25）

○大すべり域、超大すべり域
　東北地方太平洋沖地震の津波断層モデルを参考に、南海トラフでの最大クラスの津波断層モデルと同様、断層全体の約2割程度を大すべり域（平均すべり量の2倍のすべり量）に、そのトラフ軸側（10km以浅）に超大すべり域（平均すべり量の4倍のすべり量）を

設定。

　　大すべり域の場所は、震源断層域の西部・中央部・東部とする3ケースを想定

○地震の規模及び断層のすべり量

　　今回の大正関東地震、元禄関東地震の津波高等の再現から得られた津波断層モデルを参考に平均の応力降下量を5MPaとして相似則を適用し、最大クラスの地震の総面積から地震の規模及び断層のすべり量を推定。平均すべり量は8m、大すべり域のすべり量は16m、超大すべり域のすべり量は32mに設定。設定された最大クラスの津波断層モデルの規模は、いずれのケースもMw8.7に相当。

（3）震度分布・津波高

＜震度分布＞

　　首都地域の広域にわたり大きな揺れが発生（図26）

＜津波高＞

　　東京湾内は3m程度或いはそれ以下。

　　東京湾を除く神奈川県、千葉県では10mを超す場合あり※（図27）

5. 首都直下地震の発生履歴等と地震発生の可能性

（1）M7クラスの首都直下地震（図31、32、34、表2）

　　首都及びその周辺地域で発生した過去の地震の履歴から、元禄関東地震及び大正関東地震の発生前にはM7クラスの地震が複数回発生していることが知られている。元禄関東地震と大正関東地震の間を見ると、元禄関東地震の後70～80年間は比較的静穏で、その後M7前後の地震が複数回発生する等、比較的活発な時期を経て大正関東地震が発生している。

　　大正関東地震から現在までの約90年間の地震活動は比較的静穏に経過しており、今後、次の関東地震の発生前までの期間に、M7クラスの地震が複数回発生することが想定される。

　　なお、文部科学省地震調査研究推進本部地震調査委員会（以下、「地震調査委員会」という。）（2004）によると、南関東地域でM7クラスの地震が発生する確率は30年間で70パーセントと推定されている。

（2）M8クラスの海溝型地震（図31、33、34）

○大正関東地震タイプの地震

　　相模トラフ沿いで近年発生した地震として、1923年大正関東地震、1703年元禄関東地震、1293年永仁関東地震の3つの地震が知られており、この地域では、M8クラスの地震が200年～400年間隔で発生すると考えられる。

　　大正関東地震（Mw8.2）から既に90年が経過していることから、当面このようなタイプの地震が発生する可能性は低いが、今後百年先頃には地震発生の可能性が高くなっていると考えられる。

　　なお、地震調査委員会（2004）によると、今後30年間の地震発生確率は、ほぼ0～2パーセントと推定されている。

○元禄関東地震タイプの地震

　　海岸段丘の調査によると、大きな隆起を示す地殻変動が過去約7000年間に2000年～3000年間隔で4回発生しており、その最後のものが元禄関東地震によるものである。元禄関東地震が1703年に発生したことを踏まえると、元禄関東地震タイプの地震の発生はまだまだ先であり、暫くのところ、このようなタイプの地震が発生する可能性はほとんど無いと考えられる。なお、地震調査委員会（2004）によると、今後30年間の地震発生確率は、ほぼ0パーセントと推定されている。

○最大クラスの地震
　想定した最大クラスの津波断層モデルによる地殻変動を見ると、最大クラスの地殻変動は、いずれのケースも房総半島で5m〜10mと元禄関東地震と同等或いはそれ以上の隆起量となっている（図28）。最大クラスの地震の発生間隔についても、2000年〜3000年或いはそれ以上のものと考えられる。

○延宝房総沖地震タイプの地震
　1677年延宝房総沖地震は太平洋プレートの沈み込みに伴い発生する津波地震である可能性が高い。この地震は、東北地方太平洋沖地震の震源断層域の南側に位置しており、誘発される可能性があると指摘されている地震と概ね同じ領域に震源断層域を持つ。なお、地震調査委員会（2011）によると、この領域でこのような津波地震のタイプの地震が発生する確率は、7パーセント程度と推定されている。

○房総半島の南東沖で想定されるタイプの地震（図23）
　元禄関東地震の震源断層域に含まれるが、大正関東地震の際には破壊されなかった相模トラフの房総半島の南東沖の領域について、GNSSによる地殻変動観測の資料を用いた解析によると、大正関東地震の震源断層域と同様にひずみが蓄積されている可能性が指摘されている。この領域で発生する地震は、過去にその発生は確認されておらず、今後更なる調査が必要ではあるが、房総半島の太平洋側で6〜8m、高いところで10mとなる大きな津波が発生する可能性も否定できないことから、念のため、津波避難の検討対象として取り扱うことが望ましい。

6. 対策の対象とする地震
　今回検討した地震について、それぞれのタイプの地震が発生する可能性を考慮すると、防災・減災対策の対象とする地震については、次の通り取り扱うことが適切と考える（表3）。

（1）最大クラスの地震・津波の考え方
　東北地方太平洋沖地震を教訓とした地震・津波対策に関する専門調査会報告において、今後の想定地震・津波の考え方として、「あらゆる可能性を考慮した最大クラスの巨大な地震・津波を検討していくべきである」としている。
　また、想定津波と対策の考え方としては、「命を守る」という観点から「発生頻度は極めて低いものの、発生すれば甚大な被害をもたらす最大クラスの津波」を想定し、避難を軸とした対策を講じることとしている。

（2）南海トラフの最大クラスの地震の発生可能性
　南海トラフ沿いでは、100年〜150年間隔で海溝型の大規模地震が発生しており、最も新しい地震は昭和南海地震であり、発生から67年が経過している。南海トラフの地震の発生には多様性があり、駿河湾から日向灘にかけての複数の領域で同時に発生、もしくは時間差をおいて発生するなど様々な場合が考えられる。大規模地震の大きさに関しては周期性がなく、最大クラスの地震が次の大規模地震として発生するかどうかはわからない。

（3）相模トラフの最大クラスの地震の発生可能性
　相模トラフ沿いでは、プレート境界で発生する海溝型の大規模地震が、200年〜400年の間隔で発生しており、大正関東地震では首都圏に甚大な被害をもたらした。また、房総半島先端で見られる地震時に形成される海岸段丘の調査によると、大きな隆起を示す地殻変動が2000年〜3000年間隔で発生しており、その直近のものは、約300年前の元禄関東地震によるものである。これらのことから、相模トラフ沿いでは、元禄関東地震タイプの地震もしくは最大クラスの地震が次に発生するとは考えにくい。

（4）防災・減災対策の対象とする地震

このため、防災・減災対策の対象とする地震は、切迫性の高いM7クラスの首都直下地震を対象とすることとする。M7クラスの首都直下地震には、様々なタイプが考えられ、どこで発生するかはわからないが、複数の想定のうち、被害が大きく首都中枢機能への影響が大きいと考えられる都区部直下の都心南部直下地震を設定することとした。

また、相模トラフ沿いの海溝型のM8クラスの地震に関しては、当面発生する可能性は低いが、今後百年先頃には発生する可能性が高くなっていると考えられる大正関東地震タイプの地震を長期的な防災・減災対策の対象として考慮することが妥当とした。

なお、防災・減災対策の対象として、都心南部直下の地震を設定するが、M7クラスの地震はどこで起きるかわからないことから、このケースに限定することなく、全ての地域での耐震化等の対策を講じる必要がある（図35）。

（5）防災・減災対策の対象とする津波（図36）

相模湾から房総半島の首都圏域の太平洋沿岸に大きな津波をもたらした地震として、過去資料の整理が比較的なされている地震に、延宝房総沖地震（1677年）、元禄関東地震（1703年）、大正関東地震（1923年）がある。

これらの地震の津波断層モデルを検討した結果、太平洋岸での津波は、地震により大きく異なり、場所によっては10mを超す高さのものもあるが、東京湾内の津波の高さは、いずれの地震も3m程度或いはそれ以下である。これは、浦賀水道が津波の入りにくい海底地形になっていることによる（図29）。しかし、東京湾内には海抜ゼロメートル地帯もあることから（図30）、津波対策については、太平洋側と東京湾内を区分して、それぞれの危険性に則した対策について検討する必要がある。

太平洋側で想定する津波は、前述の通り、元禄関東地震タイプの地震もしくは最大クラスの地震を対象とするのではなく、百年先頃に発生する可能性が高くなっていると考えられる大正関東地震タイプの地震による津波を考慮し検討することが適切である。大正関東地震タイプの地震が発生すると、神奈川県と千葉県の海岸周辺において震度6強以上の揺れとなり、地震から5～10分以内で6～8m程度の高さの津波が想定され、耐震対策に加え、津波に対する迅速な避難等の検討が必要である。

延宝房総沖地震タイプの地震については、太平洋プレートの沈み込みに伴う津波地震の可能性が高い。この地震による海岸での津波は、房総半島から茨城県の太平洋沿岸及び伊豆諸島の広い範囲で6～8m、高いところで10m程度が想定される。この地震は、東北地方太平洋沖地震の震源断層域の南側に位置し、誘発される可能性のある地震と考えられることから、房総半島で大きな津波が想定される地域では、津波避難の対象として対策を検討する必要がある。

なお、相模トラフ沿いの地震の検討については、今後更なる調査が必要であり、特に房総半島の南東沖で想定されるタイプの地震の発生可能性については今後の検討課題であるが、このタイプの地震により房総半島の南端地域の海岸では10m程度の大きな津波が想定される。この地域では、念のため、この地震も津波避難等の検討対象として考慮することが望ましい。

第2章　被害想定（人的・物的被害）の概要

首都直下地震の被害想定は、マグニチュード7クラスの都区部直下の地震と、マグニチ

ュード8クラスの大正関東地震クラスの地震について行った。個別被害の数量については別添資料1、分野別の被害の様相については別添資料2に詳細に記載している。

　以下では、マグニチュード7クラスの都区部直下の地震のうち、首都中枢機能への影響や被災量が概ね最も大きくなる都心南部直下の地震の被害想定について概要を示す。

　ただし、ここに記載した数量は、震源断層域が数km違うだけでも異なるものであり、都区部直下の地震のうち、概ねの被害最大のケースを示したものである。特に分野毎の被災量は、震源断層域が少し異なるだけで、被災量に大きな違いが生じるという性質のものである。

　被害の様相は、発災時の応急対策や企業活動等、対策の検討をするため、これまでのように単に人的・物的被害等の定量的な想定をするだけでなく、分野別の被害想定をもとに、それぞれの被害が発生した場合の被災地の状況に関して、時間経過を踏まえ、相互に関連して発生しうる事象をより現実的に想定し、対応の困難性を明確化することに努めた。

　これにより、行政のみならず、個別の施設管理者や民間企業、地域、居住者、通勤・通学者、来街者等が、防災・減災対策を検討し、備えるべきことを具体的に確認するための材料として活用されることを期待するものである。

　なお、この被害の様相は、あくまで一つの想定として作成したものであり、実際に首都直下地震が発生した場合に、この様相どおりの事象が必ず発生するというものではないことに留意が必要である。危機管理上はより厳しい設定のもと、有効な対策が講じられることが望ましいこと、また、応急・復旧活動等に当たる関係機関・事業者にあっては、当該被害の様相を上回る過酷事象への対応、一刻も早い復旧のための対策が講じられることを期待するものである。

1. 膨大な建物被害と人的被害

・震度6強以上の強い揺れの地域では、特に都心部を囲むように分布している木造住宅密集市街地等において、老朽化が進んでいたり、耐震性の低い木造家屋等が多数倒壊するほか、急傾斜地の崩壊等による家屋等の損壊で、家屋の下敷きによる死傷等、多数の人的被害が発生する。

　【揺れによる全壊家屋：約175,000棟】【建物倒壊による死者：最大約11,000人】

・家具の下敷きや、家屋の損壊に伴う出口の閉塞等により、多くの自力脱出困難者が発生するが、救命・救助活動が間に合わず、時間の経過による体力の消耗、火災や余震に伴う建物被害が増大した場合、死者が増大する。

　【揺れによる建物被害に伴う要救助者：最大約72,000人】

2. 市街地火災の多発と延焼

・地震発生直後から、火災が連続的、同時に多発し、地震に伴う大規模な断水による消火栓の機能停止、深刻な交通渋滞による消防車両のアクセス困難、同時多発火災による消防力の分散等により、環状六号線から八号線の間をはじめとして、木造住宅密集市街地が広域的に連担している地区を中心に、大規模な延焼火災に至ることが想定される。

　【地震火災による焼失：最大約412,000棟、倒壊等と合わせ最大約610,000棟】

・同時に複数の地点で出火することによって四方を火災で取り囲まれたり、火災旋風の発生等により、逃げ惑い等が生じ、大量の人的被害がでるおそれがある。

　【火災による死者：最大約16,000人、建物倒壊等と合わせ最大約23,000人】

3. ライフライン

（1）電力

・地震直後は、火力発電所の運転停止等による供給能力が5割程度に低下し、需給バラ

ンスが不安定となり、広域で停電が発生する。また、東京都区部では、電柱（電線）、変電所、送電線（鉄塔）の被害等による停電も発生するが、電柱（電線）等の被害による停電は全体の約1割以下である。

・震度分布によっては、東京湾沿岸の火力発電所の大部分が運転を停止することも想定されるが、電力事業者の供給能力は、関東以外の広域的な電力融通を見込んでも、夏場のピーク時の需要に対して約5割程度の供給能力となることも想定される。湾岸の大部分の火力発電所が被災した場合、最悪、5割程度の供給が1週間以上継続することも想定される。このため、需要が供給能力を上回る場合、需要抑制（節電要請、電力使用制限令、計画停電等）が必要となることが考えられる。

・公的機関や民間の重要施設については、非常用発電設備が確保されているが、消防法等により燃料の備蓄量が限られていることから、停電が長期化した場合は非常用電力が得られなくなる可能性がある。また、発災後は燃料の需要が集中すること、激しい交通渋滞が想定されることから、追加の燃料（重油・軽油）の確保は困難となることが想定される。

（2）通信
○固定電話
・音声通話が集中するため、通信規制が行われ、ほとんどの一般電話は通話が困難となり、概ね通話規制が緩和されるのは2日目になると想定される。

・1割未満の地域では、電柱（通信ケーブル）被害等を要因として、通話ができなくなり、全体の復旧には1週間以上かかる見込みである。

・Fax等が付属した多機能型電話機は電気を必要とするため、停電が継続する間は利用できない。

○携帯電話
・音声通話は利用の集中・輻輳に伴う通信規制等により、著しく使用が制限され、ほとんど接続できなくなり、規制の緩和は2日目となると見込まれる。

・メールは概ね利用可能であるが、集中により大幅な遅配が発生する可能性がある。

・伝送路の被災と基地局の停波により1割が利用できなくなる。

・停電が長期化した場合、基地局の非常用電源の電池切れや燃料切れにより、数時間後以降、順次停波することが見込まれ、携帯電話の利用ができなくなるエリアが拡大することが想定される。

○インターネット
・ネットへの接続は、固定電話の伝送路の被災状況に依存するため、設備の破損等による1割程度の地域では、利用ができなくなる可能性がある。

・主要なプロバイダはデータセンターの耐震対策や停電対策、サーバーの分散化が進んでおり、概ねサービスが継続されるが、停電が長期化した場合、データセンターによっては、サービスの提供が難しくなる可能性がある。

・停電時に利用者側の非常用発電設備の燃料が枯渇した場合は、ルーター等が使用できなくなる。

（3）上水道
・管路や浄水場等の被災により、約5割の利用者で断水が発生する。被災した管路の復旧は、道路渋滞や復旧にかかる人材や資機材の不足により、数週間を要する地区もある。

・浄水場が被災していなくても、停電が長引いた場合、非常用発電設備の燃料が無くな

ることにより、運転停止に至る断水もある。

・断水による影響として、水洗トイレの使用ができなくなる。

（4）下水道

・管路やポンプ場、処理場等の被災により、約1割の施設について被害が生じ、一部で水洗トイレの使用ができなくなることが想定される。

・管路の復旧は、他のライフラインの復旧作業と相まって難航し、1か月以上を要することも想定される。

・停電が長引いた場合、非常用発電設備の燃料が無くなることにより、ポンプ場の機能が停止していたり、管路等の復旧前に多量の降雨があると、溢水や内水氾濫のおそれがある。

（5）ガス（都市ガス）

・発災直後、揺れの大きかった地域において、各家庭でのマイコンメーター及びブロック単位での供給停止装置等が作動し、ガスの供給が自動停止する。

・配管や設備等に損傷がない場合には、順次供給が再開される。この場合、マイコンメーターは各戸において復帰できる。

・被災した低圧導管の復旧は、ガス漏えいの確認作業、他のライフラインの復旧作業との関係から、復旧まで1か月以上を要する地区も想定される。

4．交通施設

（1）道路

・首都高速道路、直轄国道及び緊急輸送ルートとして想定されている道路の橋梁は、落橋や倒壊防止等の耐震化対策を概ね完了しており、甚大な被害の発生は限定的であると想定される。

・直轄国道の主要路線、首都高速、高速道路では、被災状況の把握、点検、通行車両の誘導、道路啓開に少なくとも1～2日程度を要し、その後に緊急交通路、緊急輸送道路等として緊急通行車両等の通行が可能となる。

・都区部の一般道は、被災や液状化による沈下、倒壊建物の瓦礫により閉塞し、通行できない区間が大量に発生し、渋滞と相まって復旧には1か月以上を要することが見込まれる。

（2）鉄道

○地下鉄

・トンネル、高架橋、地上部建物の耐震補強工事が概ね完了しており、液状化対策も実施されていることから、トンネルの崩壊等の大きな被災は限定的であると想定されるが、架線や電気・信号設備等、非構造部材等の損傷に留まる場合でも復旧に時間を要し、運転再開には1週間程度を要することが見込まれる。

○JR在来線、私鉄

・阪神・淡路大震災等の教訓を踏まえ、高架橋等についての耐震補強が進められているが、架線の損傷や軌道変状、切土・盛土の被害、橋梁の亀裂・損傷等が発生し、運転再開まで1か月程度を要することも想定される。

・軌道上への沿線の家屋の倒壊や、沿線における市街地延焼火災等が発生した場合は、架線や運行設備のほか、高架橋等の大きな損傷が生じることも想定される。

○新幹線

・高架橋の橋脚等の被災により、都区部近郊で運行が困難となり、損傷を受けない区間からの折り返し運行となる。

(3) 空港

・羽田空港は、4本の滑走路のうち、2本が液状化により、使用できなくなる可能性がある。管制塔やターミナルビルは、損傷は受けることがあっても、使用に大きな問題が生じる可能性は低い。

・滑走路の運用を変更して、運航の継続は可能であるが、羽田空港と都心を結ぶ鉄道やモノレールの被災や運行停止、アクセス道路の被災や交通渋滞が発生し、空港へのアクセスが非常に厳しくなる可能性もある。

(4) 港湾

・耐震強化岸壁以外の通常の非耐震岸壁では側方流動にともなう陥没や沈下が発生し、多くの埠頭で港湾機能が確保できなくなる。

・震度6強以上の強い揺れの地域では、耐震強化岸壁以外の岸壁の陥没・隆起・倒壊、上屋倉庫・荷役機械の損傷、液状化によるアクセス交通・エプロンの被害等が発生し、機能を停止する。

・非常用電源を備えていない場合は、広域的な停電の影響でガントリークレーンなどの荷役機械等に支障が生じる。

・コンビナート港湾等においては、老朽化した民有の護岸等が崩壊し、土砂等の流出により、耐震岸壁等に繋がる航路の機能が制限されるとともに、原料等の搬入出に支障が生じ、コンビナートの生産機能が停止することも想定される。

5. その他の被害

(1) 燃料

・ほとんどの製油所が点検と被災のため、精製を停止する。

・首都圏における製油所の精製機能が停止した場合であっても、油槽所・製油所においてガソリン等の石油製品の形態での国家備蓄や製品在庫がある。しかしながら、石油製品入出荷機能が一時的に停止し、応急対応・緊急輸送用のガソリン・軽油、避難所生活のための灯油、非常用発電設備用の重油の需要が増大するとともに、激しい交通渋滞によるタンクローリー輸送の遅滞、タンクローリー・ドライバーの不足等により、これらの石油製品の供給が困難となることが想定される。

・ガソリンスタンドでは非常用発電設備の導入を進めているがその数がまだ少ないことから、停電が継続している間、ガソリンや軽油の給油がほとんどできないガソリンスタンドが数多く発生することが見込まれる。

(2) コンビナートの被災

・コンビナートは、地震の揺れや液状化により、油の流出、火災、危険物質の拡散等が考えられる。火災に関しては、近隣の居住区域には延焼が及ばないよう、区画が市街地から遮断されているが、油の流出による湾内の汚染や、浮遊物等に付着した油への着火、或いは化学コンビナートの被災では、危険物質が周辺の居住区域に拡散する可能性がある。

(3) 放送

・在京テレビ局と電波塔(東京スカイツリー等)は、有線及び無線の複数回線で結ばれており、テレビによる情報発信は継続される体制となっている。

・NHKにおいては、東京の放送センターが機能を喪失した場合には、大阪局から衛星放送の2波を使い全国の各局に放送を送信し、これを受けた全国の放送局において、地上波の総合テレビとEテレに放送することとしている。また、ラジオはテレビの音声を放送することとしている。

- ・強い地震動により、被災地ではテレビ等の受信機器が転倒などにより破損し、受信困難が多発することが見込まれる。
- ・また、大規模な停電が発生している間も、被災地域の受け手がテレビを利用できなくなることから、被災地向けの放送は携帯ラジオやテレビ機能を備えた携帯電話、又はカーラジオやカーナビによる受信が行われるものと見込まれる。

第3章　社会・経済への影響と課題

第1節　首都中枢機能への影響

　東京には、我が国の政治、行政、経済の中枢を担う機関が高度に集積している。このため、首都直下の地震により、これらの中枢機能に障害が発生した場合、我が国全体の国民生活や経済活動に支障が生じるほか、海外にも影響が波及することが想定される。

　政府機関等の業務継続に支障が生じた場合、情報の収集・分析が円滑に行われず、災害対策を講じるに当たっての政治的措置の遅延が生じたり、政府の緊急災害対策本部等からの指示や調整等が円滑に実施されないなど、消火活動や救命救助活動が遅れ、多くの人命が危険にさらされたり、膨大な数の被災者への対応や首都居住者の生活、企業活動に大きな支障が生じるおそれがある。

　経済面では、資金決済機能や株式・債券の決済機能等における中枢機能に加え、首都地域が我が国の生産、サービス、消費の中心地であり、大企業の本社等の拠点が集中しているだけでなく、生産規模の小さな中小企業、オンリーワン企業も数多いことから、首都地域の経済活動の停滞は、我が国全体の経済の行方を左右すると言っても過言ではない。

　これまでの首都直下地震対策として、その中枢機能は、特に発災後3日間程度の応急対策活動期においても途絶することなく継続性が確保されることを求めてきた。今般の対策の検討においては、政府をはじめ各機関に災害対応を中心とした業務の継続性を求めるのは勿論であるが、企業や個人も含めて首都直下地震に備えるため、交通、電力、情報など、おこりうる事象を想定し、救命救助活動、企業活動や市民生活の困難性を明確化することに努めた。

1.　政府機関等

- ・政府機関等が集積する千代田区永田町、霞ヶ関等の都心周辺及び東京都庁の立地する新宿副都心周辺は、比較的堅固な地盤に位置しており、官公庁施設の耐震化も順次進められていることから、建物が倒壊するなどの大きな損傷が生じるおそれは小さいが、設備や配管等に対する損傷、付属工作物の機能不全、データの復旧困難等により、多くの機関において業務の再開までに一定の時間を要するものと想定される。
- ・電力、通信、上水道等ライフラインの地震対策は相対的に進んでおり、また、被災した場合でも優先的に復旧がなされることになっているが、交通の麻痺、停電や通信の途絶等により、復旧自体の開始や資機材の調達に大幅に時間を要すことが想定されることから、各事業者の想定通りに復旧がなされない可能性もある。
- ・最も業務継続の障害となることが予想されるのは、夜間及び休日に発災した際、交通機関の運行停止に伴い、職場に到達することのできる職員数が圧倒的に不足することが想定されることである。

2.　経済中枢機能等

（1）資金決済機能

- ・我が国の金融決済システムは、資金決済システムと証券決済システムに大別され、最

終的な資金の決済は、主として日本銀行金融ネットワークシステム（日銀ネット）で行われる。

・発災時におけるシステムの継続性を確保するため、日本銀行ではシステムセンターの耐震化、十分な時間稼働させることが可能な非常用発電設備の確保、夜間・休日の発災にも対応できる初動対応職員の確保、都内のシステムに不測の事態が発生した場合の大阪のシステムへの切り換えと重要データの同期等、高い堅牢性が確保されており、仮にシステムが一旦停止した場合にあっても、発災当日中に機能を回復し、当日中の資金決済を終えられる体制が整えられている。

・また、国内のほとんどの民間金融機関が接続する全国銀行データ通信システム（全銀システム）についても、東京センターと大阪センターが常時運行するなど、高い安定性を備えており、資金決済の不全等を原因とする企業活動の停滞等が生じる可能性は小さいものと想定される。

(2) 証券決済機能

・証券決済システムは、東京証券取引所や日本証券クリアリング機構、証券保管振替機構、日本銀行等によって、株式や国債等の債券の取引、清算、決済が行われている。

・このうち、株式取引について、東京証券取引所のデータセンターは高い耐震性と十分な時間稼働させることが可能な非常用発電設備を有しており、遠隔地でのバックアップセンターとのデータの同期等がなされているなど、仮に被災した場合にあっても、24時間以内を目途に取引の再開が可能な体制が整えられている。

・株式や債券の清算、決済機能における基幹的なシステムを担う日本証券クリアリング機構や証券保管振替機構のいずれのデータセンターについても、それぞれ高い耐震性と十分な時間稼働させることが可能な非常用発電設備を有しており、仮に正センターが利用不能となった場合にあっても、概ね2時間以内を目標にバックアップセンターへの切替等を行い、業務を再開することが可能な体制が整えられている。

・しかしながら、証券取引については、大規模な災害発生・被害の拡大等の社会情勢、情報が錯そうする中での流動性や価格形成の公正性・信頼性、証券会社等が被災した場合の市場参加者に対する機会の平等の確保等の観点から、一時的に取引が停止されることも想定される。

・インターネットや海外等を中心に、被災情報や証券市場等に対する風評が流布され、市場の不安心理が増幅するおそれがある。

(3) 企業活動等

①企業の本社系機能等

・企業の本社系機能の停滞は、全国にわたる関係の店舗・工場、顧客・取引先、消費者等に影響が及ぶことから、企業におけるリスクマネジメントの巧拙、取引先等に対する製品やサービスの供給責任への対応は、企業の安定性・信頼性への評価、信用力にもつながる要素である。

・多くの企業において業務継続計画の作成が進んでおり、非常用電源の確保も進んでいるが、停電が長期化した場合の事業運営、通信手段の途絶、コンピュータシステムやデータが損傷した場合のバックアップ等に脆弱性を有している場合もある。

・これまで、鉄道の運行停止や発災初期の道路交通の麻痺は、業務継続を考える上での与条件として認識されていないケースも多いと思われ、夜間や休日など役職員・従業員の出社困難となる場合の業務運営の検討が必要となる。

②卸売・小売及びサービス産業を中心とする甚大な被害

- 首都地域には、卸売・小売業や対人・対事業所向けのサービス産業が高度に集積しており、これらの企業活動の低下は、消費者の生活と経済活動に多大な影響を及ぼす。
- 小売・サービス事業者では、オフィスや店舗等の耐震化が不十分な場合もあり、事業所の倒壊や火災等の発生により、膨大な数の建物・設備及び在庫資産が被災し、生産・サービス活動の低下を招くことが想定される。
- また、首都地域を主要なマーケットとする卸売・流通業、サービス業は、業務に不可欠な情報システムの支障や域内の交通寸断による影響を大きく受ける可能性がある。

③サプライチェーンの寸断による全国・海外への波及

- 鉄鋼業、石油化学系の素材産業は東京湾岸地域に集積しており、地震の揺れと液状化により、製鉄所、石油化学プラントや石油化学工場等の被災が想定される。特に石油化学製品の生産量は全国有数規模であり、石油化学系の部品供給が停止すると、自動車メーカーの他、様々な産業への影響が全国に波及する可能性がある。
- 港湾機能の麻痺により、原料や部品等の輸入が停止するとともに、製品等の輸出も停止することになり、サプライチェーンが寸断することで、国内外における企業の生産活動等に甚大な影響を及ぼす。

④二次的な波及の拡大

- 工場や店舗等の喪失、従業者の被災による労働力の低下、生産活動の低下や物流機能の低下が長期化した場合、経営体力の弱い企業は倒産する危険性が出てくる。
- 生産活動の低下や海外貿易の滞りが長期に渡った場合、調達先の海外への切り替えや生産機能の国外移転など、被災後に海外に流出した経済活動が地震発生前の水準まで回復せず、我が国の国際競争力の不可逆的な低下を招く可能性がある。
- また、このような事象から日本経済・日本企業に対する信頼が低下した場合、日本市場からの撤退や海外からの資金調達コストの増大、株価や金利・為替の変動等に波及する可能性がある。他方、復旧・復興に伴う膨大な需要の発生が、経済活動を活性化させる可能性もある。

第2節　巨大過密都市を襲う被害の様相と課題

1.　深刻な道路交通麻痺（道路啓開と深刻な渋滞）

　沿道建物から道路への瓦礫の散乱、電柱の倒壊、道路施設の損傷、停電に伴う信号の滅灯、延焼火災の発生、放置車両の発生、鉄道の運行停止に伴う道路交通需要の増大等により、発災直後から、特に環状八号線の内側を中心として、深刻な道路交通麻痺が発生し、消火活動、救命・救助活動、ライフライン等の応急復旧、物資輸送等に著しい支障等が生じる可能性がある。

- 深刻な道路渋滞により、道路の損傷個所の点検のための移動は、ヘリコプターのほか、自動車による移動が困難な場合は、徒歩や自転車による移動に限られる。ライフライン、交通インフラの点検・復旧のための作業車の移動や、交通機能確保のための車両による道路啓開が困難な状況が長く継続する。
- 全く動かない交通渋滞の発生に伴うガス欠や延焼火災の切迫に伴う車両の放置が発生し、放置車両撤去のためのレッカー車の不足、道路渋滞によりレッカー車が現場までたどりつけない状況が生じるなど、渋滞悪化の悪循環が発生する。
- 圧倒的な被災箇所数における道路管理者をはじめ関係機関による瓦礫処理等の道路啓開作業に対し、建設業者や資機材が少ないこと、瓦礫処理をするための空間が少ない

- こと等から、啓開作業が迅速に進捗しない可能性がある。
- 瓦礫や放置車両の撤去など道路啓開に相当の時間がかかる場合、早期に緊急交通路を確保することが困難となることから、物資輸送やライフライン等の復旧作業に着手することも困難となり、緊急対応のみならず、復旧が遅延することが想定される。
- 交通整理を行う警察官の人員には限りがあるため、緊急交通路以外の道路については深刻な渋滞が発生するおそれがあり、消防車両や救命・救急車両の現場への到達が困難となる可能性がある。
- 外出者が一斉に帰宅を始めると、膨大な歩行者が歩道から車道に溢れ、混乱がさらに激しくなる可能性がある。
- 火災による交通遮断が発生し、特に延焼火災となっている地域では、1～2日程度、通行できない可能性がある。
- ライフラインの復旧段階では、道路幅員が十分に取れない箇所が多数に及ぶことから、新たな渋滞の発生要因となることが想定される。

2. 膨大な数の避難者・被災者の発生

（1）同時多発の市街地火災よる焼死者の発生
- 環状六号線から八号線の間をはじめとして、木造住宅密集市街地が広域的に連担している地区を中心に、大規模な延焼に至ることが想定され、同時に複数の地点で出火し、延焼拡大による火炎の合流や、四方を火災で取り囲まれたり、火災旋風の発生等により、的確に火災からの避難を行わないと、逃げ惑いが生じることで大量の焼死者が発生するおそれがある。

（2）救急・救命活動と災害時医療
- 深刻な道路交通麻痺により、救急車等は現場に到達することが困難となる。
- 地震動に伴う圧倒的な数の負傷者の発生に対して、道路交通の麻痺と相まって医師、看護師、医薬品等が不足し、十分な診療ができない可能性がある。
- 被災地外からのDMAT等の応援派遣の体制は整うが、被災地内の通信手段の制限により受入れ側の調整に時間がかかる。
- 緊急的なヘリポートの設定は、広場等への被災者の避難により、スペースが不足する。停電に伴う照明不足により現場対応の難航等が想定される。

（3）避難所等の不足
- 延焼拡大する火災から避難する人々が、避難場所に移動する。また、家屋が被災したり、家屋に著しい損傷がない場合であっても、停電や断水等ライフラインが途絶した家の人々や、余震に対する不安がある人々が、避難所として指定している学校等の堅牢な建物等に移動するなど膨大な数の人々に混乱が生じることが想定される。
- 地震が昼間に発生した場合、鉄道の運行停止に伴い、膨大な数の帰宅困難者が発生する。「むやみに移動しないこと」を前提としても、多くの人が徒歩帰宅を開始したり、事業所が被災した場合は、従業員が避難所等へ移動する動きも出る。避難所には、近隣の住民のみならず、事業所の従業員、街中での買い物客、鉄道乗車者等の一部も移動する可能性がある。
- 押し寄せる多様な避難者により、収容能力を超える避難所が出る。
- 避難所に入れず、避難者受入体制の整っていない公園や空地等に多くの人々が滞留し、そのまま夜を迎えて野宿せざるを得ない状況が発生する。
- 昼間に地震が発生した場合は、保護者が帰宅困難等となるため、学校等において待機する児童等が多く発生し、学校に滞留することになる。

3. 物流機能の低下による物資不足
- 発災直後より、被災地域ではコンビニエンスストア、小売店舗等における在庫が数時間で売り切れる。
- 被災地域に限らず全国で生活物資の買い付け行動が起こり、全国で生活物資の不足状況が発生する。
- 道路啓開により主な緊急交通路が使用できるようになるまでには1〜2日を要するものの、被災地域内の道路の被災と深刻な交通渋滞により、避難所への災害支援物資の搬送も含めて、被災地域内への食品や生活物資の搬入の絶対量が滞り、深刻な物資不足が継続する可能性がある。
- ガソリン等の燃料についても、買い付け行動が発生し、燃料を運搬するタンクローリーの不足、深刻な交通渋滞等により、燃料の確保が難航する可能性がある。
- また、首都圏を主要なマーケットとする流通業、サービス業では、首都圏郊外への機能移転等による効果は少なく、域内交通寸断による影響を大きく受ける。
- 東京湾の取り扱い貨物は、全国の内貿貨物の13%、外貿貨物の27%を占めるが、このうち、原油や石炭、鉄鉱石等の重量・容量の大きなバルク貨物は、生産拠点に隣接する港湾で取り扱われている。このため、代替港湾を活用した陸送には大きな困難を伴うことから、港湾が被災した場合、これらの原料輸入が著しく阻害され、石油化学工業や製鉄業の生産に大きな影響を及ぼす。
- 東京湾内の埠頭や港湾施設の被災により海上輸送量が減少し、食料品や生活用品の物資不足が継続する。

4. 電力供給の不安定化
- 概ね震度6弱以上の地域においては火力発電所が運転を停止する。この結果、夏場のピーク時の需要に対して電力の供給能力が5割程度に低下し、発災直後は、需給バランスを起因として広域で停電が発生する。
- 発災当初は、事業所、工場、商業施設、鉄道等様々な電力需要が低下することから、直後に停電したエリアで供給が再開されるところもあるが、需要が大幅に回復してくると計画停電等の需要抑制が必要となる可能性もあり、電力供給は不安定化する。
- 言うまでもなく、電力は、通信、上下水道の処理場・ポンプ場運転、各種ライフライン、鉄道運行や情報処理等、市民生活のみならず、災害対応や企業活動を支えており、その不安定化は多様な都市活動に影響を与える。
- 公的機関や民間の重要施設については、非常用発電設備が確保されているが、燃料の備蓄量が限られているケースが多いことから、停電が長期化した場合は非常用電力が得られなくなる可能性がある。また、発災後は需要が集中すること、激しい交通渋滞が想定されることから、追加の非常用発電設備の燃料（重油）の確保は困難となることが想定される。

5. 情報の混乱
- 発災直後は、固定電話及び携帯電話で大量アクセスによる輻輳が生じ、音声通話の9割が規制される。また、携帯電話のメールは使用できるものの、大幅な遅配が発生する可能性がある。携帯電話は、火災による焼失地域では、アンテナや通信回線が損傷して不通となったり、停電が継続した場合には、基地局の非常用電源が枯渇して、広域的に停波が発生する。
- インターネットは伝送路（通信回線）の被災により、一部で通信ができなくなるが、基本的には利用が可能である。しかしながら、サービスプロバイダや各種システムの

データセンターの非常用発電設備などの停電対策によっては、サービスの継続が困難となる場合も想定される。

・国や都県が被災状況を把握する際、重要な情報の発信源である区役所や市役所では、自らの被災や災害対応による人員不足等により、情報収集や伝達機能が大幅に低下することが想定される。

・首都直下地震を想定した場合、東京周辺の県市は、自らの管轄区域の災害対応とともに大規模被災地域の応急活動を緊急的にサポートする役割も果たすこととなる。このため、国の災害対策本部と東京都及び周辺県市の各災害対策本部との間で情報が確実に流通する必要があるが、系統的な情報伝達システムを構築するには至っていないので、情報を共有し、相互に調整が取れるようになるまで時間を要するおそれがある。

・広範囲にわたる住宅の倒壊、火災の延焼等の状況は、ヘリコプター等の画像情報から得られるが、全容の把握には時間を要する。

・道路の被災状況の確認は、ヘリコプター及び自動車により行われるが、渋滞により自動車による移動が困難な場合は、自転車又は徒歩等によって行われることから、被災箇所、障害状況の把握等に一定の時間を要する。

・水道と下水道は、道路啓開の完了後、順次被災状況の把握を進めることとなることから、被災箇所の特定には相当の日数を要する。

・電気・ガス・通信の各事業者は、それぞれが供給停止箇所等を自動検知し、データ送信するシステム等を構築しており、早い段階で被災箇所や影響範囲等を把握することができる。

・外国語による情報提供が限定され、被災情報、避難に関する情報、生活に関する情報等、災害発生時に必要となる情報で、旅行者や在留外国人が活用できる情報量が少なく、混乱を招くおそれがある。

・発災初期の段階は、限られた情報の中からニュース性が高く危機感を助長する映像が繰り返し流されたり、インターネット等を通じて風評や「デマ」が大量に流布するなどのおそれがある。

6. 復旧・復興のための土地不足

・首都直下地震では、東日本大震災における東北三県における道路啓開と比較して、道路啓開活動が困難な上に、瓦礫や放置車両の仮置き場に必要な空地が不足することなどから、道路啓開、交通渋滞の解消等がさらに遅れ、道路やライフライン等の復旧作業に大幅な遅延が生じるおそれがある。

・倒壊や火災焼失により、膨大な数の被災者が家屋を失うことから、膨大な数の応急仮設住宅が必要となるが、仮設住宅設置のための用地が不足することが想定される。

・建物の倒壊等により、膨大な量の災害廃棄物が発生するが、その処理のための用地が不足する。また、瓦礫の域外搬出でも交通渋滞の影響を受けることから、民間の災害復旧・復興を含めた取組を停滞又は遅延させるおそれがある。

・復興事業としての新たな街づくりにも、早期の事業推進のためには用地が必要となるが、十分な用地確保には時間を要すことが想定される。

第4章　対策の方向性と各人の取組

第1節　対策の方向性

首都直下地震の対策は、平成17年に中央防災会議で決定された「首都直下地震対策大綱」

等のもと、様々な対策が講じられてきている。本ワーキンググループは、今般、被害の様相で示された課題への対応の必要性を明確化するため、現行の首都直下地震対策大綱に示されている様々な施策は、今後とも継続的に取組んでいくことを前提とし、新たに想定した「被害の様相」から明らかになった課題を念頭に、これまで議論が十分にされていなかった事項や特に取組に困難性を伴う課題に関する対策を中心に取りまとめた。

1. 事前防災（中枢機能の確保、被害の絶対量の軽減）

（1）首都中枢機能の継続性の確保

①政府全体としての業務継続体制の構築

・首都直下地震が発生し、当該災害が東京圏における政治、行政、経済等の中枢機能に甚大な影響を及ぼすおそれがある場合において、政府として業務を円滑に継続するための対応方針及び当該業務を継続するために必要な執行体制、執務環境等を定める政府全体の業務継続計画を策定すべきである。

・各府省庁は、政府全体の業務継続計画に基づき、中央省庁の業務継続計画を策定し、継続的に見直す必要がある。

・政府として優先的に取組むべき業務については、各府省庁における平時の庁舎において継続的に実施することを基本とするため、東京の防災力の強化を含めた対策を不断に進めていくことが重要である。その上で、万が一、これらの業務を通常の庁舎において継続できないような最悪の事態を想定し、政府のバックアップ機能についてあらかじめ検討しておくことが必要である。

②政府の業務継続のための執行体制の確保

・夜間や休日の発災を想定し、政府として優先的に取組む業務に必要な人員を確保するため、徒歩参集可能な範囲内における住居の確保等、組織の枠を超えた人員融通の仕組等の構築をする必要がある。

・首都直下地震発生時に各府省庁が優先的に取組むべき業務に注力できるよう、緊急時において地方支分部局の長等に権限を委任するための必要な措置を講じておくべきである。

・幹部職員が緊急時に不在である場合に備え、職務代行者を選任しておく必要がある。

③政府の業務継続のための執務環境の確保

・電力については、危機管理上、電力供給設備の多重化や燃料の備蓄を行うなど、長期の停電にも耐えうる体制を構築する必要がある。また、電力会社による優先復旧に関し、発災後の交通渋滞を見据えた作業員や資機材の確保、燃料の確保等、より具体的な復旧体制の確保につき確認をする必要がある。

・通信については、防災対応の携帯電話につき、優先回線の確保等を図るとともに、商用回線の機能障害が生じても利用できる中央防災無線機能及び各省庁の通信網の耐震化と充実を図る必要がある。

・インターネット等のシステム及びデータ管理については、サーバーのバックアップ機能の確認とともに、機能障害が発生した場合の優先復旧を確保するための、より現実的な確実性の高い保守契約であるかの確認等を行う必要がある。

・上下水道についても、道路啓開が終わった後、緊急通行車両等の通行の確保等にも配慮しながら復旧作業を進めることとなる。発災時を想定し、関係機関との調整、作業員の確保、資機材の搬送等について、より具体的な手順等について確認する必要がある。

・庁舎の耐震性の確保や執務室における什器の固定、天井等の非構造部材の耐震化等を進める。

④情報収集・集約、発信体制の強化

・国、東京都及び首都圏各県は、現地災害対策本部となる有明の丘基幹的広域防災拠点及び各都県の災害対策本部において、迅速に情報を収集し、入手した情報を関係省庁や関係機関等で共有化することが重要である。これらの本部をつなぐ情報伝達システムの強化、収集情報の共有のシステム化を図る必要がある。

・情報発信については、国と東京都及び各県の情報発信にバラツキが生じないよう、一体となって情報を共有し、あらかじめ役割分担を明確にしておく必要がある。

⑤金融決済機能等の継続性の確保

・経済中枢機能の担い手である日本銀行や金融機関等においては、分野全体としての業務継続の確保対策が比較的進んでいることから、今後とも金融システム全体において、強靭な業務継続体制を構築する取組の継続、発展を目指し、また、金融中枢機能を構成する市場等の間の連携強化を図るとともに、ライフライン・インフラ事業者等の協力を得ながら、実践的な発災対応訓練等を継続的に実施すべきである。

⑥企業の事業継続のための備え

・自社における独自の製品等の製造・供給等に当たっては、その供給が途絶した場合における社会的影響の大きさ、企業活動への信頼性を勘案しながら、提供する商品、サービスごとの供給継続計画、特に重要な業務以外の業務についての縮小、休止も含めて検討すべきである。

・サプライチェーンの見直しに当たっては、自社の経営資源の可視化、取引先の情報の可視化、クリティカルな資源の安定確保、製品の共通部品化・汎用化等のプロセスにより、その強化について検討し、例えば製造ラインの複数拠点化や、複数系列化、或いは一定期間分のストック等を進める。

・さらには自家発電・コジェネ等の自己電源比率の向上、サプライチェーンの複線化や関係者間における協定の締結、訓練の実施等により、サプライチェーンの維持に向けた取組の強化を図る。この場合、サプライチェーンの中核を担うメーカー等にあっては、取引企業における業務継続計画の策定の要請・支援等により、その実効性の向上に努める。

・企業の事業継続に不可欠となる情報資産について、同時被災リスクが小さく、また電力供給の系統の異なる場所におけるデータのバックアップ等、情報資産の保全と迅速な事業の復旧に向けた取組を強化する。

・非常用発電設備を設置している施設においては、燃料を常に満タンにしておくことを心がけるとともに、発電機の性能維持及び燃料の品質維持の観点から一定期間内に使い切ることを念頭に年に数回程度、訓練等を実施することで使用すべきである。

・交通機関の長期間の運行停止等を考慮した場合、ITを駆使した在宅勤務を通常から一定の割合で導入するなど、災害対応力の構築を普段から図るべきである。

・交通状況が回復するまでの間、通勤交通への負担を軽減するためにも、二泊三日勤務など、通勤体制を工夫することも検討すべきである。

・企業における従業員の死傷は、そのまま企業経営上のダメージとなるため、社員とその家族の命を守るための備えについて、一層の社員教育に取組むべきである。

（2）建築物、施設の耐震化等の推進

・建築物の被害は、死者発生の主要因であり、さらに火災の延焼、避難者の発生、救助活動の妨げ、災害廃棄物の発生等の被害拡大の要因であることから、あらゆる対策の大前提として、建築物の耐震化の取組を推進する必要がある。特に、木造住宅密集市街地や緊急輸送道路沿いの建築物、不特定多数の方が利用する建築物の耐震化に重点

的に取組む。

・また、庁舎、災害応急対策活動の拠点施設、学校、病院、公民館、駅等、様々な応急対応活動や避難所となりうる公共施設等の耐震化、天井脱落防止対策等の取組を継続するとともに、災害支援物資の搬送車両のアクセス性の向上、荷役作業が行いやすい施設整備等を進める。

・1981年以降に築造された新耐震基準による建築物についても、建築物は建造年数が経過すると耐震性能が低下するおそれがあるため、劣化の状況を把握し、必要に応じて補修を行うなど、しっかりとメンテナンスをすることによって性能の劣化を防止することについても減災対策になることを啓蒙すべきである。

・家具や家電製品、事務機器等の固定、ブロック塀の倒壊やビルの窓ガラスの落下に伴う被災防止等、建築物内外における安全確保を推進する。

・電気、水道、ガスをはじめとするライフラインは、災害時の救助・救命、医療救護及び消火活動等の応急対策活動を効果的に進める上で重要であることから、事業者はこれらの機能が寸断することがないように引き続き耐震化や液状化対策等に取組むとともに、特に、災害拠点病院等の人命に関わる重要施設への供給ラインの重点的な耐震補強等の対応を進める。下水道施設についても、震災後の公衆衛生の保全、雨水排水機能の確保等のため、特に人命に関わる医療機関等の重要施設や避難所になりうる施設等に関するラインの重点的な耐震化等を進める。

・通信等の情報インフラについて、電気通信事業者は人命に関わる重要施設に対する情報インフラの重点的な耐震化等を進めるとともに、携帯電話の基地局における非常用電源の確保等、停電が長時間に及んだ場合にあっても、通信手段を途絶させないための取組を推進する。

・道路、鉄道、空港、港湾等の交通インフラについて、道路管理者、鉄道事業者、空港管理者、港湾管理者等は、地震による機能の低下を最小化するため、施設の耐震化、老朽化対策の取組を推進する。

・首都圏はゼロメートル地帯が広く分布しており、地震時に河川・海岸堤防等が沈下・損壊したために、洪水・高潮による浸水被害が発生したり、長期間湛水したままの状況が続く危険性がある。このため、河川・海岸管理者は、堤防等の耐震調査等を進めるとともに、耐震対策等を推進する。

・大規模な盛土造成地の崩落や急傾斜地崩壊による建築物の被害を防止するため、宅地の耐震化や土砂災害対策を進める。

・コンビナートの被災による可燃性ガスや有毒ガス等の周辺の居住区域への拡散防止に向け、高圧ガス設備などの耐震性の確保に向けた対策に取組む。

(3) 火災対策

　これまで、建物の耐震化・不燃化、木造住宅密集市街地の解消に向けた取組等を実施してきているが、火災の被害を抑えるためには、出火を阻止することも非常に重要である。地震直後の出火の主要因として考えられる火気器具使用については、都市ガスの対策としてマイコンメーターの設置とブロック単位の即時供給停止のシステムが整備されてきており、相当程度の出火防止策が図られている。このほか、地震火災を引き起こす主な要因として、古い火気器具の使用、電気を要因とする火災等が考えられる。このため、これまでの対策に併せ、以下の対策を推進すべきである。

①出火防止対策

・火災発生の原因となる電気火災等の発生を阻止するため、従来から進めてきた感震自

動消火装置等を備えた火気器具や電熱器具の普及等を推進するとともに、市街地延焼火災の発生の危険性の高い地域を中心として、大規模な地震発生時に速やかに電力供給を停止する方策や取組を検討し、感震ブレーカー等の100%配備の方策の検討を進め、早急に実施すべきである。

②延焼被害の抑制対策

・地域における初期消火の成功率の向上のため、自主防災組織等の地域防災力の向上、可搬ポンプ等の装備の充実、断水時に利用が可能な簡易なものも含めた防災用水槽、防火用水の確保等を進めるとともに、基盤施設の整備が遅れている木造住宅密集市街地での道路拡幅など活動空間の確保を進める。

・避難場所等として機能する公園等のオープンスペースの確保や河川の整備、安全に避難するための避難路の整備等を進めるとともに、建物の耐震化・不燃化や基盤整備等木造住宅密集市街地の解消に向けた取組を継続するなど、延焼の拡大を防ぐ火災に強い都市づくり、まちづくりを推進する。また、電柱の倒壊による道路閉塞を防ぐため、無電柱化の取組を推進する。

・同時多発市街地火災を想定し、効果的、効率的な消火活動を行うため、要員の育成や資機材の配備、消防水利の整備等、体制の充実を図る。

(4) 2020年オリンピック・パラリンピック東京大会に向けた対応

・オリンピック等の開催までに首都直下地震が発生した場合における人的・物的被害を大幅に軽減させるために即効性のある取組として、火災対策が上げられる。中でも、地震火災における出火原因の過半を占めると想定される電気に起因する出火を防止するため、まずは木造住宅密集市街地を対象として、短期間での感震ブレーカー等の設置を目指すべきである。

・オリンピック等で使用する施設や地域のインフラについては、既存・新設を含めて、それら関連施設の耐震安全度及び液状化対策等を確認し、必要に応じて改修や補強等を早急に実施すべきである。また、競技施設は将来における震災時対応を念頭に設計すべきである。

・多くの外国人観光客等に対し、利用する施設の耐震化等の対応状況や発災した際の行動等について丁寧に説明するとともに、災害時でも安全が確保できるよう緊急地震速報等の多言語化、ホテルやオリンピックボランティア等による避難誘導の取組等を推進していくべきである。また、都市内のサイン計画、ピクトグラムによる災害時の対応行動の可視化など、様々な手段による防災情報の伝達についても検討し、早急に対策を講じるべきである。

2. 発災時の対応への備え

発災後の対応は、現実的には多くの困難が想定されるが、各種対策の実行性を確保するため、発災直後からの時間経過を明確に認識して、政府としての対応策を具体的に検討すべきである。

＜時間経過を大きく3段階に分けた場合＞
①発災直後の対応（概ね10時間）－国の存亡に係る初動
②発災からの初期対応（概ね100時間）－命を救う
③初期対応以降－生存者の生活確保と復旧

(1) 発災直後の対応（概ね10時間）－国の存亡に係る初動

①災害緊急事態の布告

・発生した地震が国の経済及び公共の福祉に重大な影響を及ぼすと想定される異常かつ

激甚な非常災害である場合、国民に事態の重大さを伝え、冷静な行動を促し、災害対応への協力を得るため、災害対策基本法に規定されている「災害緊急事態の布告」を発し、これに基づく各種法的措置等を迅速に講ずることができるよう、事前に判断の基準を確認し、これらの手続きを明確に定めておくべきである。

・災害緊急事態の布告が発せられたときは、的確かつ迅速に最大限の応急対策を実施するため、災害緊急事態の布告に基づく法定措置を講ずることはもとより、一般車両の利用制限、道路啓開等における放置自動車及び瓦礫撤去の措置（私有財産処理の事後承諾等）、応急対策要員の確保、民間への協力要請等、現行制度の速やかな実施を図るとともに、現行制度の特例措置及び新たに必要な制限等につき事前に検討しておくべきである。

②国家の存亡に係る情報発信

・政府は、国民及び諸外国に向けて、「発生した地震が想定内の大災害であり、国家として問題無く機能している」事実を伝えるために情報発信のあり方について備えておくべきである。具体的には、天皇、三権の長、領土・領海・領空、中央銀行等について発災直後に確実に状況を把握する手段を構築し、政府として事態を掌握してその健全性を示し、治安対策を講じ、被災者対応に着実に当たること等を内外に発信する「広報計画」を策定しておくべきである。

・日本銀行、証券取引所等の金融中枢機関は、誤った情報により市場の不安を増幅させることがないように、国内外や市場に対して迅速かつ正確な情報発信を行う体制と手段について、事前の準備をより一層進めるなど、日本経済への信頼性を高めるための取組を進めるべきである。

・海外への情報発信については、大使館や海外メディアを通じた情報発信の体制を整えるべきである。

③災害応急対策実施体制の構築

・首都直下地震は巨大過密都市の災害であり、他の地域とは異なる様々な事象が想定されるが、政府としては、どのような災害が発生しても国内のすべての災害対応力を結集して的確に対応できるように、災害対応の標準化を早急に推進すべきである。

・情報把握、道路啓開、交通制御、地域消火等、各組織が的確かつ円滑に実施できるよう、関係機関があらかじめ、それぞれの事項に関して計画を策定し、その体制を構築すべきである。

④道路啓開

・緊急交通路、緊急輸送道路等について、被災後速やかに一体的かつ状況にあわせた最適な道路啓開を実施するため、各機関が結んでいる建設会社等との災害協定の運用に当たって、優先順位や資機材投入等、発災時に円滑な調整を行う枠組等を構築すべきである。

⑤交通制御

・災害応急対策活動等を迅速に行えるようにするため、走行中の一般車両に対する規制とともに、発災後の一般車両の利用を制限する具体的手法を検討すべきである。

・内閣府、警察、道路管理者において、放置車両の現実的な処理方策について検討すべきである。

・路上を走行中又は停車中の車両に対する交通誘導において、警備業者等の活用について検討すべきである。

⑥企業の事業継続性の確保

・企業の中枢機能の障害が当該企業のみならず、社会へ与える影響の大きさを認識し、

大規模な地震が発生した場合における事業の継続計画の確認と見直しを継続的に実施すべきである。その際、ライフラインや交通インフラの被災・復旧状況等を勘案しながら、限られた優先的業務を継続するための人員の確保等、実効性のあるBCP（BCM）の策定に努めるべきである。

・さらに、不測の事態により一定の経営資源の喪失や復旧の遅延等が生じた場合における結果事象型の対応についても検討を行うことが望まれる。

・地震が昼間に発生した場合、被災地域内には多くの企業従事者が存在することとなるが、自宅や家族の安全を確保する自助の取組を実践しておくことによって、帰宅困難者という意識を持つのではなく、救助活動や被災者支援等、地域の防災の担い手として活動すること、また、企業として他の帰宅困難者の一時滞在施設を提供するなど、国民としての地域社会への貢献が望まれる。

・大都市の駅周辺等においては、避難者・帰宅困難者等による大きな混乱が発生するおそれがあることから、関係企業や地方公共団体等からなる官民協議会等において待避施設や備蓄倉庫の確保、平時からの訓練の実施等、都市の安全確保に向けた取組を推進する。

⑦首都高速道路の活用

首都直下地震発生時においては、交通制御が比較的容易で、都区部を中心に広域的に張り巡らされた首都高速道路は、緊急通行車両等の移動を図る上で、特に重要な交通インフラである。このことから、以下の点についての取組を進めるべきである。

・被災地域内の交通負荷を可能な限り軽減するため、発災時に高速道路上を走っている車両を遠方の出口へ誘導することがある旨等について、あらかじめ利用者に理解と協力を求め、発災後は適切にこれらの誘導等を促すなど、被災地全体の交通制御を見据えた最適な誘導方策等について検討すべきである。

・発災直後における救命救助活動、消火活動、復旧初期における作業車両、物資の輸送車両等、首都高速道路の時系列の最大活用策について検討すべきである。

・高速道路出口から避難所・物資の集積場所等の目的地への輸送手段の確保方策（防災対策上のラストワンマイル問題）について検討すべきである。

（2）発災からの初期対応（概ね100時間）―命を救う

一般的に人命救助で命を助けることのできる時間は72時間と言われている。想定される道路事情を勘案すると被災地外部からの大量の救命救助部隊等の投入は限られ、また、救助等が必要となる被災者数は、被災が想定される地域内での施設や対応人員に対して、圧倒的に大量であり、その非代償性を認識する必要がある。発災初期の対応は、発災地域内の人員でできるだけのことを最大限実施する備えが必要である。

①救命救助活動

・大規模な地震が発生した場合には、木造住宅密集市街地等において、多数の負傷者や自力脱出困難者が発生することが想定されることから、国、地方公共団体等は、建設機械を保有する民間事業者を含め、救助・救命のための要員の確保・育成や必要資機材の配備や、活動拠点の確保等の体制の充実を図る必要がある。

・救助・救命効果の向上を図るため、警察災害派遣隊、緊急消防援助隊、自衛隊、海上保安庁の部隊、DMATの連携を推進するための訓練等により、より一層対処能力を向上させる必要がある。

・道路啓開や交通渋滞の解消等が遅れることで、緊急交通路や緊急輸送道路の確保に時間を要することから、救援部隊の投入には時間がかかることを前提としなければならな

い。このため、発災直後の初期段階においては、被災地域内及び近隣の住民の協力無くして、早い段階の救命活動は困難である。警察、消防、自衛隊のような装備と練磨には欠けるものの、一定の安全を確保し、住民、自主防災組織、地域の企業等が協力しあって救命・救助活動を行う仕組を検討すべきである。

・緊急交通路の指定や道路渋滞を考慮した場合、ヘリコプターによる人員搬送は重要な手段となる。しかしながら、多くの機関にあるものを集結しても、圧倒的に不足するため、ヘリコプターの運用に関しては、民間会社が所有するものも含めて、最大限の活用が図られるよう、組織間での運用調整の枠組と安全航行のための管理体制を構築すべきである。

　　　○揺れによる建物被害に伴う要救助者数：最大約72,000人
　　　○緊急交通路の啓開作業所要日数：1～2日

②災害時医療

・大量の発生が予測される重傷者等への医療活動についても、外部からの救援部隊の投入には時間を要することを前提に、まずは地域医療者の協力も含めて、地域でできる対応策を検討し、体制づくりを進める必要がある。また、各医療機関の他、地方公共団体も協力して医薬品の備蓄等を進める必要がある。

・限られた医療資源を重傷者や重篤な患者等に充てるため、軽傷の場合は在宅や避難所等での応急救護とすること、中等傷の場合は地域の病院やクリニックなどで処置を行うなどの体制の充実と住民意識の啓発等を行う必要がある。

・重傷者発生の量を考慮した場合、重傷者の域内での搬送が最も重要となる。ここでも渋滞が最大の課題となるが、災害拠点病院等への重傷者の搬送は、救急車だけでなく、一般車等を利用した搬送の仕組を検討する必要がある。また、重傷者のみならず、透析患者等の搬送についても、例えばバイクを使って行う仕組等、具体的な検討が必要である。

　　　○想定負傷者数　最大約123,000人
　　　○想定重傷者数　最大約24,000人（都区部　約13,000人）
　　　○東京都内の救急車数　337台
　　　○災害拠点病院数
　　　　東京都：70　神奈川県：33　千葉県：19　埼玉県：15
　　　○全国のDMAT数　1,150チーム

③火災対策（初期消火、火災情報の発信）

・出火を阻止する対応策として、同時に複数の発生が想定される出火元で抑える初期消火は非常に重要である。一方で初期消火に時間をかけすぎることで、逃げ遅れて、延焼火災に巻き込まれる危険性もある。このため、初期消火の限界について、例えば、家庭内では天井まで火が至ったら避難行動に移行、自主防災組織等の地区消火では、2軒目に延焼したら避難行動に移行するといった一定の行動指針を設ける必要がある。

・夜間発災時や火災による黒煙で上空が覆われた場合等にあっても、暗視システムや熱感知システムなどによる同時多発火災の発生状況、延焼状況を体系的に収集・把握するとともに、今後の延焼拡大をシミュレーションする方策を構築し、延焼動態の状況を地域住民や避難行動をしている徒歩帰宅者等に伝えられるよう、公共放送の他、スマートフォン等を活用した情報の提供について実用化するとともに、移動中の車両等にも適切に伝達する方策についても実用化を図る必要がある。

・同時に大量に発生することが想定される住民等の避難者を円滑に避難場所へ避難させ

るため、消防団、自主防災組織等が中心となって、避難行動要支援者を避難させるための地域における支援体制の構築、実践的な訓練の実施等を進め、住民や就業者等による迅速な避難のための地域における支援体制を構築する必要がある。

　　○想定出火件数　最大約2,000件（うち東京都約1,200件）
　　○想定延焼家屋数　約38,000棟〜412,000棟
　　○消防ポンプ自動車数
　　　・消防本部：東京都677台（4都県1,717台）
　　　・消防団：東京都280台（4都県1,613台）
　　○消防団員数
　　　・東京都24,228人（4都県83,558人）
　　○自主防災組織数
　　　・東京都7,038団体（活動カバー率77.4%）
　　○婦人防火クラブ員数　東京都：17,996人

④治安対策

・大規模な災害が発生した際は、秩序の乱れに乗じ、様々な犯罪が多発することを想定せざるを得ないが、被災地域が広範囲に渡ることから、被災地域外からの警察官の派遣等を含む所要の警備体制の充実、警察OBや地域における防犯ボランティア組織との連携による警備体制の強化を図る必要がある。そのため、災害発生時に防犯ボランティアからの協力が得られる体制の整備、ユニフォームの準備等の備えが必要である。

　　○震度6弱以上の面積約4,500平方キロ（一都三県の約3割）
　　○想定全壊家屋数　約175,000棟
　　○警視庁の警察官　数43,305人

⑤「デマ」対策

・大規模発災時における巷のデマは、社会不安を招き、被災者の避難生活の混乱、新たな事件の発生、諸外国での信用失墜等、大きな問題となる可能性がある。特に現代社会では、ツイッターやフェイスブックなどSNSを通じてうわさが拡散することが考えられる。このため、「デマ」「うわさ」の流布の情報を速やかに把握するため、SNS上の情報分析、事実確認、打ち消し情報発信の仕組を構築する必要がある。

　　○東日本大震災時の事例
　　　　製油所の火災に関連して、「火災で発生した有害物質が雨として地上に降る」としたメールが出回り、同社及び自治体がHP上にメール内容を否定する文章を掲載。

（3）初期対応以降ー生存者の生活確保と復旧

　発災後100時間を過ぎた頃は、火災の鎮火、道路啓開の概ねの終了、救命救助活動が山場を過ぎ、発災初期の混乱が落ち着きに向かう時期であるが、一方では避難者が最大規模になる時期でもある。この時点では、被害の全容が概ね掌握できるが、災害の甚大さがその後の災害対応に大きくのしかかることが想定される。災害対応活動の主体は、まずは避難者の生活の確保となるが、ライフラインや交通機関が十分ではない中で、多くの被災者が生活の確保、経済活動の再開を目指して活動を始める時期となる。

①被災者、災害時要配慮者への対応

・ほとんどの避難者は、発災直後からしばらくの間、避難所での生活を送ることになる。避難所では、飲料水・食料、冬場の暖房、トイレの確保のみならず生理用品や乳幼児のための物品を含む日常生活用品の用意、健康管理、医療、学校等、東日本大震災でも生じた様々な問題に対し、特に膨大な数の被災者に対する、十分な対応が難しくな

ることも想定される。このため、速やかに避難所の地域主体による運営が開始され、極力混乱を押さえられるよう、あらかじめ地域コミュニティやボランティアによる避難所の運営マニュアル等を明確にしておくべきである。

・この場合、被災地外からのボランティア活動については、二次災害の防止や効率的な活動等の観点から、期待される役割、活動にあたり留意すべき事項等について、地域におけるボランティア組織や、地方公共団体等と調整ができる体制が必要である。

・学校等において、帰宅できない児童等が多く発生する場合に備え、あらかじめ学校と保護者の間で引き渡しの判断等についてルールを決めておく必要がある。

・ライフラインや交通インフラが十分に機能せず、物資等が不足した環境下で避難生活を長期間続けることが困難な透析患者や妊産婦等、必ずしも避難所生活に留まる必要のない人々について、被災地における災害対応需要を軽減する観点からも、広域避難や遠隔地への移動等を支援すべきであり、移動手段の確保等について検討すべきである。

・被災者の広域避難や生活再建のためには罹災証明が必要となるが、膨大な数の住宅が被災することから、建物の応急危険度判定調査と連携することも含めて広く全国から住宅等の被災調査を行う人員の派遣体制を構築する必要がある。

②避難所不足等の対策

・首都地域には、自力での災害対応が困難な要介護認定者や障がい者等、要配慮者だけでも膨大な数に上る。要配慮者への対応を優先する観点から、避難所への避難者数の低減に係る対策を講じることが前提となる。

・このため、家屋の耐震化の促進や延焼火災の発生抑制はもとより、水・食料や災害用トイレ、手回しラジオ等の家庭内や企業における備蓄等、ライフライン等が途絶した場合にあっても、自宅において一定の生活環境が確保できるように努めておくことが望まれる。

・地方公共団体にあっては、避難所の耐震化や天井の脱落防止対策、備蓄倉庫の整備等を促進するとともに、避難所における食料・飲料水及び生活必需品、災害用トイレの備蓄や、非常用電源の整備を進める。また、避難所の仮設トイレ等で生じるし尿や生活ごみの速やかな処理体制を確保する。

・避難所では、生活水準維持のため、灯油利用機器を備えておくとともに一定量の灯油を備蓄しておき、灯油の品質維持の観点からも、一定期間内に使い切ることを念頭に、年に数回程度訓練等を通じて使用することを考慮すべきである。

・膨大な数の帰宅困難者対策については、「むやみに移動しない」という基本原則の下、国、地方公共団体、民間事業者が連携して、一斉帰宅の抑制や一時滞在施設の確保等に関する各種ガイドライン等に沿った取組を推進する。特に、一時滞在施設は、公共施設のみではまかないきれないことから、地方公共団体と民間事業者との一時滞在施設に関する協定の締結の促進等により、一時滞在施設の一層の確保を目指す。

・都市部では、仮設住宅を整備する土地も不足することが想定されることから、民間の賃貸住宅等の空室を借り上げる「見なし仮設住宅」について、関連団体との協定などとともに、民間宿泊施設の有効活用、周辺県や全国への被災者の広域避難（遠地避難）とその受入れの枠組を構築する必要がある。その際、遠隔地に移動した避難者（遠地避難者）に対する継続した情報提供について、その方策を準備しておくべきである。

・避難所に収容しきれず公園や空地等に避難者が滞留することも考えられることから、避難場所として機能する公園や空地の確保、河川の整備等に努めるとともに、避難者

の滞留が想定される公園等においては備蓄倉庫等の確保を進めるべきである。

③計画停電の混乱の回避

・多くの火力発電所が強い地震動で緊急停止したり被災した場合、充分な電力供給が確保できなくなることから、電力使用の自粛要請が行われるが、被災量が大きい場合、計画停電を実施せざるを得ない可能性がある。東日本大震災の際に実施された計画停電では、広範囲にわたって混乱が生じたが、医療施設や救命救急、応急復旧活動等を担う官公庁施設、通信、ライフライン、緊急性の高いデータセンター等の災害時に優先的に電力供給を行う必要がある施設等への電力供給に問題が生じないよう、複数のケースの計画停電のプログラムをあらかじめ作成しておくべきである。

④物流機能低下対策

・被災直後にはガソリン等の不足が発生する可能性も高く、支援物資輸送においては、民間トラック等も含め、被災地域内で災害応急対策に従事する「緊急通行車両確認標章」を掲げる車両に対し、優先給油を行う方策をあらかじめ定めておく必要がある。

・被災地域内においては、深刻な交通渋滞等により、避難所への物資の輸送だけでなく、一般の在宅の生活者への生活物資を含めた輸送が困難となることが想定されることから、各家庭や企業等においては、最低でも3日分、可能な限り1週間分程度の食料・飲料水・カセットコンロ・災害用トイレ及び生活必需品等の備蓄及び日常的に一定量以上の燃料（ガソリン満タン、灯油1缶増等）を備えるよう努めるべきである。

・各機関の非常用救援物資の備蓄量及び民間の生産在庫量について短時間で情報を集約し、被災地に効率的に配送ができる体制、必要な物資を見込みで配送するための需要予測手法の構築等を進めるべきである。

・発災後3日を過ぎた頃から、物資のニーズが多様化し、災害支援物資とのミスマッチが広がってくることが想定され、また、家庭内備蓄が少なかった人々が物資を求めて混乱が生じることも想定される。日常的な店舗販売の早期再開に向け、一般消費者向けの生活必需品の輸送対策として、発災直後から緊急交通路を通行できるよう、災害応急対策を実施すべき関係事業者の指定公共機関への指定や指定行政機関等による防災計画に基づく関係事業者との協定の締結を進めるなど、円滑な災害応急対策が行われるよう検討しておく必要がある。

・被災地域内の一般道の交通渋滞が一定の落ち着きを取り戻すまで、域外からの生活物資の搬入については、物流ネットワークを保有する流通会社、チェーンストア等の優先的な通行確保策につき検討すべきである。

・東京湾内の航路機能を維持し、緊急物資等の輸送を確保するため、東扇島基幹的広域防災拠点の活用や緊急物資輸送用の耐震強化岸壁の整備を進めるとともに、東京湾内の航路啓開実施体制の他、災害発生時の代替輸送ルートの確保や代替港湾の利用のための体制の構築等について関係者と検討、調整しておく必要がある。また、緊急物資等の輸送について河川舟運の活用等の水上輸送ネットワークの構築等を進める必要がある。

⑤ガソリン等の供給対策

・製油所の石油製品の生産及び入出荷機能を早期回復するために、設備の安全停止対策、専用バース等の地震や液状化に対する耐性強化、入出荷バックアップ能力増強対策を講じる必要がある。また、油槽所を含め、非常用発電設備を充実させることにより製品の安定供給機能を確保する。

・ガソリン、軽油等の供給には、油槽所等からの確実な配送確保が必要であり、会社の

枠組を超えた連携体制を即座に運用できるように設備の標準化を推進するとともに、発災直後からの緊急輸送に関して、あらかじめ手続きの簡素化、一時的な規制の緩和を準備しておくべきである。また、緊急交通路におけるタンクローリーの通行については、発災直後から緊急交通路を通行できるよう、災害応急対策を実施すべき関係事業者の指定公共機関への指定や指定行政機関等による防災計画に基づく関係事業者との協定の締結をすすめるなど、円滑な燃料供給が行われるよう検討しておくほか、平時におけるトンネル通行規制についても非常時には必要に応じて規制を解除する等、対策を進める必要がある。

・一定期間、燃料供給が途絶した場合に備え、災害用バルクを避難所となりうる場所に設置するなど、需要家側への備蓄も重要である。

・非常用発電設備に使用される重油・軽油の配送については、発災後、需要が急増することが見込まれるが、供給可能量には限度があり、供給の優先度の設定につき、事前にコンセンサスを得る必要がある。

・避難所となる学校や医療施設に加え、電気、ガス、上下水道、通信等のライフライン等の重要施設の住所や設備情報等をあらかじめ地方自治体と石油事業者団体等との間で共有を進め、迅速な燃料供給に備えることが必要である。

・ガソリンスタンドでは、停電時に備えて、非常用電源の確保や自動車のエンジンによるバッテリー機能を活用した給油設備の備え等を推進する必要がある。

⑥円滑な復旧・復興に向けた備え

・円滑な復旧・復興のため、膨大な量の瓦礫や放置車両の仮置き場、災害廃棄物の処理場や仮設住宅設置のための用地等を適切に確保することが必要がある。このため、広域的な連携を含めた事前計画を策定する等、広域的な処理体制の確保に努める必要がある。また、復旧・復興のための資機材の集積や支援部隊の活動拠点の確保を進める必要がある。

・鉄道施設の復旧にあたり、各路線の被災状況や復旧の見込、広域的な需要等を勘案しながら、ネットワーク全体として円滑かつ効率的に復旧作業や運行の再開が行えるような方策、枠組について検討すべきである。

・首都地域のコミュニティの特徴として、個人の自由な選択が尊重され、多様な価値観を持つ住民が混在し、また、集合住宅内においても十分な面識がないなど、平常時からのコミュニティ活動が不活発である場合も多く、大規模な被災を受けた後の混乱時の合意形成が困難である。

・大都市部は、全国的にも地籍整備が著しく遅れており、また土地家屋の権利関係も複雑で、災害による死者・負傷者等が多数に上ったり、地権者が避難所や広域避難により離散している場合等における土地等の権利関係を巡る調整には、多大な困難を伴うことが想定される。

・このため、まずは災害危険性の高い地域を中心として、地籍調査の実施や地域のインフラ・ライフラインの情報整備等を進めておくことで、仮に大きく被災した場合にあっても、円滑により安全な復興まちづくりが進められるような取組が望まれる。

・家屋の耐震化や保険加入等の自助努力と備えを推進することが必要である。また、平時より木造住宅密集市街地の解消等に向けたまちづくりの素地を地域において醸成したり、被災を想定した復興まちづくりについて事前に検討しておくべきである。

・大規模災害からの復興に関する法律の施行を踏まえ、地方公共団体は被災を想定した復興の取組、進め方についてマニュアル等を検討し準備しておくとともに、防災まち

づくり組織等とともに事前復興まちづくり訓練を推進して復興プロセス等を共有して
おくべきである。
・首都地域には、多くの中小企業があり、地域全体の復旧が長引いた場合、事業の運営
が立ちいかなくなることも想定される。特に伝統産業やオンリーワン企業等、中小企
業の事業継続計画に加えて、被災時の復興支援策について検討しておくことも重要で
ある。

第2節　首都で生活をする各人の取組

　首都地域は、我が国における高い中枢性と同時に、膨大な人・物が高密度に集積してい
ることが特徴である。平時の生活を支える大規模で効率的かつ経済的な人流と物流は、発
災時にその均衡を失した場合、そのことを要因として二次的な被害が拡大する可能性が高
い。また、中枢機能の支障は国内外にも波及する。
　首都直下地震が発生した場合に、被災地総体として、人命救助を最優先にしつつ、混乱
を最小化し、迅速に応急復旧を進めるには、首都で生活をする一人一人の備えと行動がそ
の結果を大きく左右する。また、企業活動等においても、自らの企業の被災状況だけでな
く、ライフラインやインフラの復旧の見込みについて、起こり得る被害の様相をあらかじ
め確認し、その場合の心構えや商品やサービスの提供等、事業・業務への対応等について
確認・共有をしておくことが、企業に対する高い信頼性の確保と、ひいては首都の機能を
保持するための強靭な災害対応力につながるものと考えられる。
　東日本大震災の教訓を踏まえ、また、前節までに整理した被害の様相等を考慮し、首都
直下地震が発生した場合に首都地域に生活する家族や企業に求められる各人の行動や心構
え等、特に留意すべき点は以下である。

1.　地震による揺れから身を守る

・首都地域には、自力での災害対応が困難な、乳幼児や要介護認定者、難病患者や障が
い者等、災害時要配慮者だけでも膨大な数に上っている。
・圧倒的な自然災害にあっても、被災地における個々人が可能な限り被災を免れ、負傷
者や要救助者等にならないことが、発災時の社会的な負荷を大きく軽減することにつ
ながり、医療機関や避難所等の限られた資源を最大限に活用し、ひいては災害時の支
援者として災害対応力に乏しい多くの方々の生命を救うことにもつながる。一人ひと
りの自助の取組が共助を可能とすることを肝に銘じるべきである。
・首都地域における膨大な人・物の集積は、一つ一つの被災が災害対応需要となり、そ
の膨大な集積が首都直下地震への対応を困難なものにする可能性がある。このため、
大規模地震発生時にあっても、建物の損傷を可能な限り小さくし、家具の落下や下敷
き等による負傷や閉じ込め等を減らし、新たな災害対応需要を生み出さないことが重
要である。また、発災後の生活物資の不足を見越した上で、各家庭や企業等における
『最低3日間、推奨1週間』分の水・食料等の備蓄は、ただ自らの身を守る自助に留ま
らず、首都に住まい、生活をする多くの人々の命と生活、ひいては我が国の首都を守
る共助となり、公助を有効にすることにも思いを馳せることが望まれる。

2.　遅れて発生する市街地火災からの適切な避難

・大規模な地震の発生後、同時多発的に出火し、拡大する市街地延焼火災については、
地震に伴う津波や土砂災害等と比較して、避難に必要な時間的猶予がある。同時多発
火災が発生することを念頭に置きつつ、力を合わせて初期消火に努めるとともに、適
切な避難行動をとることで、逃げ遅れ・逃げ惑いによる「避けられた死」を大幅に軽

減することが可能である。

- そのためには、出火抑制から初期消火、避難行動の開始と適切な避難場所・経路の選択等について的確な状況判断が必要である。特に市街地延焼火災の危険性の高い木造住宅密集市街地等において逃げ遅れ等を防止するためには、交通混雑等を見込んだ上で安全に避難を行うため、初期消火や救命・救助活動に携わる自主防災組織等を除き、火災を認知してから避難行動を開始するのではなく、指定された避難場所への『火を見ず早めの避難』を心がけることが重要である。
- 一方で、発災の時間帯によっては、都心部に多くの帰宅困難者が滞留することが想定される。都心部を取り巻く木造住宅密集市街地等の火災情報等の的確な把握等により、延焼危険地域への流入の抑制、当該地域からの避難者との錯綜の回避等、適切な行動が求められることから、市街地火災の観点からも、帰宅困難者にあっては火災が鎮まるまでは「むやみに移動しない」ことの徹底が重要である。

3. 地震発生後の自動車利用の自粛への理解と協力

- 東日本大震災における首都圏でも見られたように、大規模な地震が発生した場合には、鉄道の運行停止等による人、物の移動手段が道路交通に集中し、道路施設そのものに対する被災や沿道家屋等の倒れ込みによる道路幅員の減少等と相まって、幹線道路を中心として深刻な交通渋滞が発生することが想定される。
- 特に発災直後からの交通渋滞により、道路啓開、応急復旧作業が難航し、緊急交通路や緊急輸送道路等の確保が遅延した場合には、被災地において大量に発生することが想定される被災者の救命・救助活動のみならず市街地火災に対する消火活動も大きく停滞し、二次的な被害の拡大に結び付く可能性が高い。
- 加えて、発災後より、電気、通信、ガス、水道、下水道等のライフラインや交通インフラ等の安全確保・緊急復旧作業に係る作業員及び資機材の移動のための交通需要や、緊急復旧工事そのものも道路空間を占用して行われる場合も多いことから、交通渋滞はそれだけで被災地の災害対応復旧作業に大きな混乱と遅延をもたらすこととなる。
- 人命救助に当たり特に緊急性の高い3日間が経過し、4日目以降、被災者のための生活物資の需要が急増することが想定されるが、発災前の輸送力が回復していない段階において、個々人が物資の調達等のために自動車を利用した場合、その膨大で深刻な交通渋滞を整序することは極めて困難である。
- このように、首都直下地震による被災地の状況として、まずは『皆が動けば、皆が動けなくなる』ことについて理解し、限られた道路交通機能を人命の救助、インフラ・ライフラインの復旧、災害時要配慮者への対応や、避難所や自宅で生活を送っている被災者への当面の生活物資を確保するために、物流機能の確保を最優先することについて、一人ひとりが理解し、協力して支えあうことが強く期待される。

4. 『通勤困難』を想定した企業活動等の回復・維持

- 首都は広域から多くの就業者が鉄道を利用して通勤している。地震の揺れに対して比較的損傷が小さいとされる鉄道地下区間も含めて、広域に渡る鉄道地上部に多数かつ甚大な損傷が生じた場合、長期間にわたり鉄道の不通状態が継続するおそれがある。
- 仮に、部分的な復旧、折り返し運転等が再開された場合にあっても、減便での運行や、バス代行輸送等が想定され、相当程度の輸送力の低下が見込まれる。
- 各企業の防災対策にあっては、発災後の企業活動・体制等の立直しに当たり、このような『通勤困難』が一定期間発生するおそれのあることを想定し、通勤可能な人員を見込んで優先すべき業務の絞り込みや継続性の確保、通勤時間帯の分散化や二泊三日

勤務などのシフトの工夫、自宅での勤務や支店、営業所を活用した移動の少ない方法による業務の継続といった、合理的で実効性のあるBCP（BCM）の作成等、我が国の中枢機能を担う企業活動の早期の立て直しに努めることが期待される。

- 首都圏の企業のみならず、サプライチェーンや企業間取引で繋がる全国の企業も、首都地域の企業活動が数日間停止すること、首都地域を経由した物流に停滞が生じること等を想定し、その影響を最小限に抑える対処方策について検討し、対処することが重要である。

第5章　過酷事象等への対応

第1節　首都直下のM7クラスの地震における過酷事象への対応

被害想定は、主に過去に地震が発生した際の震度別の被害率等をもとに算定したもので、あくまで全体を概観する平均的な数量の算出を行ったものである。実際に大規模地震が発生した際は、大規模な地盤の変位が生じたり、被害想定時に設定したレベルを超える構造物の被害の発生等、平均化された事象ではなく、個別に過酷な事象が発生する可能性があることを認識しておく必要がある。以下に、基本的な被害想定を超えて発生する可能性がある主な過酷事象について示す。

1. 海岸保全施設等の沈下・損壊

- 東京湾沿岸の堤防等の海岸保全施設は、想定津波に対して概ね防御が可能な高さで整備されている。しかしながら、震度6強以上の強い揺れが生じた場合、揺れや液状化により、海岸保全施設等が沈下・損壊する可能性がある。湾内では大きな津波高は想定されていないものの、海抜ゼロメートル地帯では、堤防等が沈下・損壊すると通常では防御できる風水害でも洪水・高潮等により浸水が生じる可能性があり、さらに満潮時や異常潮位発生時には浸水域が大きく広がることになる。
- このため、海岸保全施設等について耐震性や老朽化等の調査を進めるとともに、耐震対策・液状化対策・老朽化対策等を強化する必要がある。また、水門や陸閘等についても、地震動等による歪みなどのために閉門操作ができなくなる可能性があるため、効果的な管理運用体制の構築や地震発生後の応急対応が必要となる。
- 海抜ゼロメートル地帯では、地震時に短い時間で浸水する可能性があることを念頭におき、地下駅の出入り口対策、情報の迅速な提供にともなう地下利用者の避難対策が必要であることを認識すべきである。

2. 局所的な地盤変位による交通施設の被災

- 鉄道や道路の被災は、架線等の付属施設の被災に留まれば、復旧が早いが、高架部の落下、盛土区間の法崩れや沈下、また、大きな地盤変位が生じると復旧に長期間を要すこととなる。高速道路等でこのような被害が生じた場合、一定区間が通行不能となることから、被災時には、一般道を挟んだ緊急輸送路線等の設定が必要となる。

3. 東京湾内の火力発電所の大規模な被災

- 地震の強い揺れにより東京湾内に集中している火力発電所に大規模な被災が発生した場合には、施設の復旧、部品の交換等に相当の日数を要し、数週間にわたり電力の需要抑制（節電要請、電力使用制限令、計画停電等）等が必要となる。

4. コンビナート等における大規模な災害の発生

- 湾岸域に立地するコンビナート等において大規模な災害が発生した場合には、近隣住

民の避難、交通の利用制限等といった影響とともに、火災の拡大や湾内への油の流出等災害の拡大も想定される。このため、事業所及び行政の防災体制の充実強化を行う必要がある。また、石油コンビナート等の特殊災害に即応する体制を構築し必要な資機材を配備する必要がある。

第2節　大正関東地震タイプの地震への対応

相模トラフ沿いのマグニチュード8クラスの地震では、神奈川県、千葉県の房総半島で大きな被害が発生することが想定される。しかしながら、当面発生する可能性が低いことから、長期的視野に立ち、技術開発を含め以下の対策を地道に進めるべきである。

1. 津波対策

・神奈川県、千葉県、静岡県等では、非常に短時間で津波が到達することが想定されており、避難が非常に厳しい状況になると見込まれる。このため、街づくりから考えることが重要であり、重要施設の高台への移転、海岸保全施設等の整備、避難場所の整備等、長期的視野に立った対策を検討し、地域のコンセンサスを得て対策を実行するべきである。

・避難に関して、東日本大震災の教訓を踏まえ、避難場所の確認、避難訓練等のソフト対策について、今できることから最大限の努力をすべきである。

2. 建物等被害対策

・M7クラスの地震はどこにでも起こる可能性があることから構造物の耐震化を鋭意進める必要があり、これは本地震への対応にも繋がるものである。

・火災対策については、延焼に強い街づくりを着実に進めていくべきである。

3. 新幹線、東名高速道路

・南海トラフ地震のみならず相模トラフ沿いの地震でも新幹線と東名高速道路が被災し、利用ができなくなる可能性があり、いわゆる「東西分断」が想定される。リニア新幹線の整備、中央自動車道の代替機能等、防災の観点から、長期的視野に立った交通網を考慮する必要がある。

4. 長周期地震動対策

・南海トラフ地震のみならず相模トラフ沿いの地震でも揺れが長時間継続することから、高層ビルが共振を起こす可能性があり、建物の長周期地震動対策の技術開発を進める必要がある。

第3節　延宝房総沖地震タイプの地震等への対応

1. 津波避難対策

・延宝房総沖地震タイプの地震は、東北地方太平洋沖地震の震源断層域の南側に位置し、誘発される可能性のある地震と考えられることから、房総半島で大きな津波が想定される地域では、津波避難対策を講じるべきである。

・房総半島の南東沖で想定されるタイプの地震の発生可能性については今後の検討課題であるが、房総半島の南端地域では、津波避難対策を講じるべきである。

おわりに

大規模地震対策については、これまでも様々な場で議論がなされ、また、首都直下地震対策については、平成17年に策定された首都直下地震対策大綱等のもと、様々な対策が講じられてきている。本報告では、「首都直下地震としての課題」に重点を置き、これまで

十分に議論されていなかった事項や特に困難性を伴う課題についてとりまとめた。

　このため、防災教育の推進、防災意識の向上、地域防災力の向上、被災者への対応等、これまで実施されてきた対策について、書き込んでいない分野もあるが、これらは当然のこととして推進していかなければならない。

　被害想定の対象とした規模の地震が発生した場合には、現行の枠組みでは十分な対応が難しい事象が発生する可能性があることは否定できない。本報告において対策の方向性を示したが、その実施には解決しなければならない課題が数多くあることから、困難性を理解した上で、政府が中心となって具体の対策を検討し、地方自治体、各団体、企業、そしてこの地域に住む住民が一体となって、着実に対策が実行されることを期待する。

　被害想定では建物被害や人的被害など様々な被害について試算しているが、対策を講ずれば被害を1/10まで減少させることができるケースも示されている。このように、いずれの被害も、しっかりと備えれば多くを防ぐことができ、仮に発災したとしても、落ち着いて行動することにより混乱を避けることはできる。地震に対しては、正しく恐れ、しっかりと備えることが重要である。

■用語解説

用語	用語解説
暗視システム	赤外線カメラ等により、夜間や黒煙が立ち込める中でも、火災の状況等を確認できるシステム。
一時滞在施設	大地震等により、鉄道、バス等の公共交通機関が停止した場合に発生する帰宅困難者が一時的に滞在できる施設。
応急危険度判定調査	大地震により被災した建築物を調査し、余震等による倒壊の危険性や外壁・窓ガラスの落下、付属設備の転倒などの危険性を判定することにより、人命にかかわる二次的災害を防止する調査。
火災旋風	広範囲に渡る市街地火災や山火事において、炎をともなう旋風が発生し、さらに大きな被害をもたらす現象。火災旋風の発生条件や発生メカニズムについては未解明。
感震ブレーカー	一定以上の地震の揺れにより、各家庭における電気の供給を自動的に遮断することで、電気に起因する出火を防止する装置。
緊急交通路	災害応急対策の的確かつ円滑な実施のために、一般車両の通行の禁止・制限を交通管理者（公安委員会）が路線と区間を指定して実施する道路。
緊急通行車両確認標章	緊急交通路が指定された場合、緊急交通路を通行できる車両として、都道府県知事又は公安委員会より発行される標章。
緊急輸送道路	地震直後から発生する緊急輸送を円滑に行うため、高速自動車国道、一般国道及びこれらを連絡する幹線道路と、知事が指定する防災拠点とを相互に連絡する道路。
コジェネ	Cogeneration（熱併給発電）の略称。内燃機関等の排熱を利用し、動力・温熱・冷熱を取り出し、総合エネルギー効率を高める、エネルギー供給システムの一つ。
災害用バルク	大規模災害等により電気や都市ガス等のライフラインが寸断された状況においても、LPガスによるエネルギー供給を安全かつ迅速に行うシステムのこと。災害対応型LPガスバルク供給システム。

道路啓開	緊急車両等の通行のため、1車線でも通れるように早急に最低限の瓦礫処理を行い、簡易な段差修正により救援ルートを開けること。大規模災害では、応急復旧を実施する前に救援ルートを確保する道路啓開が必要となる。
バルク貨物	穀物・鉱石・セメント等が梱包されていない粉粒体のまま積み込まれている貨物。ばら積み貨物ともいう。
避難所	災害により住宅を失った場合等において、一定期間避難生活をする場所。小中学校等が指定されている。
（広域又は緊急）避難場所	規模地震に伴う延焼火災等の切迫した災害の危険化から命を守るため避難する場所。大規模な公園等が指定されている。
ピクトグラム	「絵文字」、「絵単語」のこと。何らかの情報や注意を示すために表示される視覚記号（サイン）の一つ。
輻輳	通信分野においては、大規模災害時やイベント等における通信要求過多により、通信が成立しにくくなる現象をいう。
マイコンメーター	ガスの流れや圧力等に異常が発生した場合や震度5強以上相当の地震が発生した場合に、自動的にガスを止めたり警告を表示するガスの計量器のこと。
油槽所	製油所で生産されたガソリンなどの石油製品を一時的に貯蔵し、タンクローリーに積み込む設備を持つ施設。
陸閘（りっこう、りくこう）	防潮堤や河川堤防等において、平常時は開口部として人や車両が通行出来るようにし、高潮や津波、増水時にはそれをゲート等により塞いで堤防の役割を果たす目的で設置された施設。
BCM	Business Continuity Management（事業継続マネジメント）の略称。BCP策定や維持・更新とともに、それに伴う事前対策、教育・訓練、点検・評価、改善などを行う「継続的な取組」（事業継続の取組）のことであり、企業・組織全体におけるマネジメント活動。
BCP	Business Continuity Plan（事業継続計画）の略称。不測の事態が発生しても、重要な事業・業務を中断させない、または中断しても可能な限り短期間で復旧させるための方針、体制、手順等を示した「行動計画」のこと。
DMAT	Disaster Medical Assistance Team（災害派遣医療チーム）の略称。医師、看護師、業務調整員で構成され、大規模災害や多傷病者が発生した事故などの現場に、急性期（おおむね48時間以内）に活動できる機動性を持った、専門的な訓練を受けた医療チーム。

参考図書

「今までなかった！　中小企業の防災マニュアル」労働調査会、2018年、筆者編著

「中小医療機関のためのBCP策定マニュアル」社会保険研究所、2020年、筆者著

参考資料

「防災白書（令和２年版）」内閣府、令和２年７月

「防災基本計画」内閣府、令和３年５月修正

「事業継続ガイドライン－あらゆる危機的事象を乗り越えるための戦略と対応－」内閣府（防災担当）、令和３年４月

「中小企業BCP（事業継続計画）ガイド～緊急事態を生き抜くために～」中小企業庁、平成20年３月

「首都直下地震の被害想定と対策について（最終報告）」内閣府 中央防災会議 首都直下地震対策検討ワーキンググループ、平成25年12月

「病院における防災訓練マニュアル」東京都福祉保健局ホームページ

「介護施設・事業所における自然災害発生時の業務継続ガイドライン」厚生労働省老健局、令和２年12月

おわりに

　東日本大震災に見舞われた2011年３月以降、国、地方自治体、そして企業、それぞれの現場で「想定外」という言葉が聞かれ、その想定外をなくすために、法律の改正などさまざまな見直しが行われました。その一つが、国の防災基本計画です。2011年12月に一部修正され、東日本大震災を踏まえた地震・津波対策の抜本的強化がはかられ、あわせて事前の対策で被害の最小化をめざす「減災」の考え方が基本方針に据えられました。

　この修正においては、「強い揺れを感じた場合等、迷うことなく迅速かつ自主的に避難することなどの知識の普及」など、国民への防災知識の普及がうたわれています。その背景には、「自らの身の安全は自らが守るのが防災の基本である」という考え方が貫かれています。

　確かに、震度７の揺れに突然、見舞われたときに、机の下などに入る行動、そしてその後、数分で到達するかもしれない津波からの避難行動などは、まさに迷うことなく迅速かつ自主的に行うしかありません。

　企業のBCPについても、まったく同じことがいえます。現在、企業のBCP策定は、法律などで義務づけられたものではありませんから、その取り組みを自ら始めることが極めて重要です。

　まず、自社BCPの取り組みを進めつつ、関連企業や取引先などとも連携して事業継続力を向上させる、さらには地域社会にも貢献してこそ、企業はその社会的責任を果たせるのではないでしょうか。

　本書が、その一助となることを念じております。

2021年６月８日
本田　茂樹

本田 茂樹（ほんだ・しげき）
現三井住友海上火災保険、MS&ADインターリスク総研を経てミネル
ヴァベリタス(株)顧問、信州大学特任教授。リスクマネジメントおよ
び危機管理に関するコンサルティングや執筆活動に従事。著書『今まで
なかった！　中小企業の防災マニュアル』『いま、企業に求められる感
染症対策と事業継続計画』『中小医療機関のためのBCP策定マニュアル』
ほか

待ったなし！ BCP［事業継続計画］策定と見直しの実務必携
－水害、地震、感染症から経営資源を守る

著者◆
本田 茂樹

発行◆2021年8月20日　第1刷

発行者◆
輪島　忍

発行所◆
経団連出版
〒100-8187　東京都千代田区大手町1-3-2
経団連事業サービス
電話◆[編集]03-6741-0045　[販売]03-6741-0043

印刷所◆平河工業社